26歳の自分に受けさせたい

お金の講義

安江一勢
Issei Yasue

すばる舎

「お金の勉強をしたいけど、何から学べばいいのかわからない」

「投資とか税金とか、じつはよくわかっていない」

「結婚をしたいけど、収入面が不安」

「転職、副業、起業……。働き方、どうしよう」

「老後の貯金が必要だと言われたけど、どのくらい?」

「なんとなく、将来のお金のことが不安だ」

「パートナーとお金のことでもめてしまった」

「いまのままの給与で生活ができるか心配になってきた」

こんな悩みや想いを持った人に、
この本を贈ります。

「大丈夫かな……。まだかな？」

チラリと時計を見る。
少し前に確認をしてから、まだ5分も経っていない。
時間が進むのが遅い。生きた心地がしない。

今日は子どもたちの出産日。
なぜ子ども"たち"なのかって？
双子が産まれてきてくれるのだ。

いままさに、となりの病室で出産がおこなわれている。
このあたりでは一番大きい病院だが、リスクが高いと言われる帝王切開。そのため、立ち合いをすることはできない。

待合室でひとり、妻の無事と子どもたちが産まれてきてくれることを祈っている。

こんなときの男性は無力だ。
出産に関しては、何もすることができない。
緊張でカラカラになった喉に、水を流し込む。
心臓の鼓動が止まらない。

「頼む、母子ともに無事であってくれ……」

すると、扉の奥から看護師さんが出てきた。
マスク姿で表情が見えない。
さらに私の不安は大きくなった。

「おめでとうございます！」

その声を聞いて、私は心から安心した。
2人とも健康に産まれてきてくれたようだった。
妻の身体も何ごともなく、無事とのこと。

……よかった。それと同時に、私のもとに一気に重い責任感
がのしかかってきた。

今日から、父親になる。
家族を守らなければならない。
さらに、私には「幸せな家庭を築く」という夢もある。

では、家族を守るためには？
幸せな家庭を築くためには？

そんな幸せを叶えるために欠かせないものがある。

それが「お金」だ。

26歳は、人生の分岐点

26歳。

それは出世、転職、起業、結婚、出産、挑戦……といったように、**多くの「選択」を迫られる時期**です。

まわりに結婚や出産をする人が増え、急激に大人になっていく時期。もしくは、あなた自身がいま、そのような選択をするときかもしれません。

キャリアについても、考えを深める時期です。

大卒だと、会社に入って3年が経ち、できる仕事が増えてきた4年目。高卒だと、後輩や部下も増えてきた8年目。そろそろいまの会社での限界や伸び代、仕事の向き不向きなどを感じているときではないでしょうか?

とくに結婚や出産などを控えている場合には、これからのキャリアについてもより向き合わされている時期であると想像できます。

このような「人生の選択」をする際に欠かせないもの。
それが「お金」です。

仕事であれば、収入が自分の仕事内容に見合っているのか、このまま働き続けたときの給与や賞与、転職や起業をしたとき

の収入、自分のライフプランに合わせた働き方などを考えるころでしょう。

　結婚であれば、家族を養う生活費を稼ぐことができるのか、もしくはパートナーの収入が足りているのか、を考えておかなければなりません。

　出産であれば、子どもを育てるお金はあるのか、どのような助成金があるのか、教育費はどれくらい必要なのか、を考えておく必要があります。

　このように、選択をする際の大きな判断要素である「お金」について、あなたはどれくらい向き合っているでしょうか。どれくらい、お金のことを知っているでしょうか？

　この質問をすると、ほとんどの人が暗い顔をします。

　なぜなら、お金について向き合ったり、学んだりしている人はほとんどいないからです。

　私たちは産まれてから死ぬまで、お金とともに生きていくことになります。にもかかわらず、お金のことを知らない人がほとんどです。

　何より、**お金のことを学ぶ機会がほとんどありません。**

　だからこそ、何かあったときや選択に迫られたときに困ってしまいます。

　お金を理由にあきらめることになってしまったり、理想の選択をできなくなってしまうのです。

そのように「お金に人生を左右されているような状況」では、決して幸せとは言えないことでしょう。

一度きりの人生、あなたはどのようにしたいですか？
お金に左右をされてしまう、我慢の多い人生か。
お金に左右されずに、自分らしく幸せな人生か。

おそらく本書を手に取ってくれたあなたは、後者の、お金に左右されずに自分らしく幸せな人生を送るほうを選ぶのではないでしょうか？

では、そのために必要なこと。
それが「お金を学ぶ」ことです。

お金に人生を左右させないためにも、お金を学ぶ必要があるのです。

九州最年少税理士だった私が、26歳のときに考えたこと

あらためて自己紹介をさせてください。安江一勢と申します。
私はこの本を執筆中の2023年現在、29歳。**全国でも0.6%しかいない、20代の税理士**です。
税理士とは、お金のプロフェッショナルです。
合格率が2%とも言われる難関資格試験を突破する必要があり、税金やお金の知識を扱う専門家です。

　仕事柄、これまで多くの方の「お金の相談」に乗ってきました。税金のこと、貯金のこと、投資のこと、家計のこと、仕事のことなど、お金のことで悩んでいる人や困っている人は本当に多くいます。

　また、20代を中心とした若い世代のライフプランの相談にも乗っており、そのなかでは結婚や出産、趣味、自己実現などの分野においても、必ず「お金の問題」が絡んでいきます。

　それくらい私たちは、知らないうちに、お金と密接に関わりながら過ごしているのです。

　私が起業をしたのは26歳のときでした。専門学校を卒業後、5年ほどの修行期間を経て、思い切って独立をしました。

　ありがたいことに多くのお客様に恵まれ、さまざまな経営者の方のご支援をさせていただいています。

　結婚を意識したことで、いまの妻と同棲をはじめたのも26歳でした。家を探し、引っ越しをし、家具や家電を揃えたり、一緒に住むことでお互いの価値観やお金の考え方などを擦り合わせていきました。

　その1年後、結婚をしました。プロポーズはティファニーで指輪を買い、おしゃれなバーで。その後、プロポーズをした場所で結婚式も挙げました。

　「26歳」は、私のなかで大きな人生の分岐点でした。

　でも、これは私だけではないでしょう。多くの場合において

26歳というのは、このように「仕事」や「プライベート」の選択に迫られるケースが出てきます。

　冒頭の出産のエピソードは私が27歳、妻が26歳のときのことでした。本当にドキドキの瞬間でした。いまでは双子の父として、妻と子どもたちと楽しく過ごす毎日を送っています。

**　このすべての選択の際に考えたこと。**
**　それが「お金のこと」でした。**

　起業をするときも、本当に食べていけるのかを考えたうえでの決断でしたし、結婚をするときも、家族を養っていく覚悟をしたからこそのプロポーズでした。

　双子が産まれてくるとわかったときには、仕事のペースを上げたり、働き方を見直したりしました。ある程度の稼ぎがないと、子どもにやりたいこともやらせてあげられないと思ったからです。

　ここでもお金のことが出てきました。このとき、私はたまたまお金の専門家だったことで、比較的簡単にお金のことを考えることができました。

　しかし、お金のことが苦手で、普段なかなかお金と向き合えていない方にとっては、これは苦痛なことなのではないでしょうか？

　きっと何から考えていいかわからず、お金のことから目を背けてしまったり、不安になってしまうのではないでしょうか？

　そこで、本書が誕生しました。

次から次へと起こる人生の選択で、**後悔をしないために、「26歳」で身につけておきたいお金の知識や考え方を1冊にまとめることにしたのです。**

「幸せになるためのお金とのつき合い方」をまとめた本

私は過去、お金と向き合っていなかったことで、つらい体験をしました。何もかも投げ出したくなり、命を落とそうと思ったこともあります。

それでも「幸せになりたい」と思い、お金を学び、お金と向き合うようになってからは「幸せだなぁ」と思える時間が増えていきました。

いまではありがたいことに、不自由のない幸せな毎日を送ることができています。

私がこのように「お金」を学んだことで幸せになれたからこそ、あなたにもいまより幸せになるために、お金のことを学んでほしいと考えています。

そこで本書の出番です。

本書は「お金持ちになるための本」ではありません。

ただその分「幸せになるお金とのつき合い方ができる人」になるための本にしています。

難しくて、手のつけづらいお金の知識や考え方をできるだけ噛み砕いてお伝えする、20代のためのお金の入門書です。

20代の方にはピッタリとハマる内容にしているので、ぜひ、パートナーや友人など、大切な人たちにシェアをしながら読み進めていってください。

　また、あなたが20代でなかったとしても、ご自身のお金の使い方や考え方を見直すことができる1冊にもしています。
　20代以外の方は、復習としてお読みください。
　もしくは、まわりの20代の方に人生の先輩として、本書をプレゼントしてあげてくださいね。

　お金のことを考えるということは、人生のことを考えることと同義です。
　26歳でお金のことを考えておくと、その後の人生がとてもラクになります。そして楽しくなります。幸せになることもできます。
　長い人生、どこかでお金のことを考え、向き合わなければならないのであれば、26歳というひとつの人生の分岐点で本書を片手にしっかりと向き合い、私と一緒にお金について学んでいきましょう。

　それでは「26歳の自分に受けさせたいお金の講義」を、はじめていきます。

履修科目

26歳の自分に受けさせたいお金の講義

26歳から考えたい、
お金の話

なぜ、26歳なのか?

「幸せはお金で買うことができるのか?」

あなたはどう思いますか?

私は「買える」と思っています。

ただ当然、すべての幸せをお金で買えるわけではありません。

お金があるからといって必ず幸せなわけでもなければ、お金がないからといって必ず不幸なわけでもありません。

それでも、正しいお金の知識や考え方を学び、お金とうまくつき合うことができれば、間違いなくいまよりも幸せになることができ、あなた自身やあなたのまわりの大切な人たちを幸せにすることができます。

そのためにも、26歳という比較的若い時期にお金のことを学び、幸せになるお金の知識と考え方を身につけていきましょう。

本講義をはじめる前に、ガイダンスとして「**なぜ、26歳でお金のことを学ぶ必要があるのか?**」「**お金のことを学ばなければどうなるのか?**」「**幸せはお金で買うことができるのか?**」というテーマについて、お伝えをしていきます。

26歳。社会経験としては、大卒だと4年目、高卒だと8年目で、仕事にもだいぶ慣れ、余裕が出てきているころです。

そのため、金銭的な余裕から投資にチャレンジをしてみたり、時間的な余裕から副業をはじめてみたりする方も多いのではないでしょうか。

また、仕事面で落ち着きが生まれることで、結婚や出産のほうにも意識が向きやすく、プライベート面での大きな選択や決断をする機会も増えてくることでしょう。

そのような人生の選択や決断、挑戦をする際に考えなければならないこと。それが「お金」です。

選択をお金"だけ"で決めることはないかもしれませんが、お金のことを考えずに決めることもないでしょう。

人生に向き合う大事な時期

たとえば、結婚で考えてみましょう。

2021年におこなわれたゼクシィ結婚トレンド調査によると、カップルがつき合いはじめてから結婚をするまでの交際期間は2年前後というデータがあるようです。そして**男女ともに、26歳前後で結婚を意識または決断する傾向にある**とのこと。

愛だけで結婚ができるかというと、そんなドラマのようなものではないはずです。現実では現実らしく、お金のことを考え

なければなりません。

　結婚相手の収入は、結婚をするうえで重要な要素です。いまは共働きの時代ではありますが、それでも収入が高くて困ることはほとんどありません。

　プロポーズをする際には婚約指輪が必要でしょう。結婚式を挙げるなら、用意するお金に応じてグレードやスタイルに大きな振れ幅が生じます。

　結婚をしてからも、引っ越しのことや家計のことなど、「結婚」によって、お金について考える機会が格段に増えていきます。

　転職のタイミングが多いのも、この世代です。

　求人情報・転職サイトであるdodaの2022年のデータによると、**転職者のうち、もっとも多い世代は「25歳から29歳」の20代後半の世代でした。つまり26歳もこのなかに含まれています。**

　昨今のブームでもある起業やフリーランスについても、転職時期と合わせて、その選択肢に入ってくることでしょう。

　転職や起業をする際に、選択の要素として大きいもののひとつは、やはり「収入面」ではないでしょうか。

　当然、お金だけで選択をするのはいい選択とは言えません。しかし、お金のことをまったく考えずに選択をするというのも適切な選択にはなりません。

　収入や働き方、福利厚生、勤務場所など、さまざまな要素を勘案（かんあん）したうえで、転職や起業を決めていくことになることでしょう。そのため必然的にお金と向き合う機会が増えていきます。

　また、女性にとっての26歳はとくに年齢を意識するころでもあるそうです。

　大人女子向けwebマガジンのlamireで、「**いつからアラサーを意識するか？**」という記事があります。そこでは、**26歳から27歳を迎える際に「30歳」を意識し、人生について考える女性が多い**とのこと。

　キャリアを考えるときには、お金のことも考えることになり、賢明な女性は、このタイミングでお金の勉強をはじめる人も多いようです。

　このように、**26歳はお金のことを考える機会が多いからこそ、きちんと知っておかないと、人生をお金に左右されてしまう可能性が高くなります。**

　26歳で一度しっかりとお金の知識や考え方などを学んでおくことで、大事な選択のときに、後悔のない選択をすることができるようになるのです。

講義メモ 🖊

20代半ばで、一度はお金について考えるときが来る

26歳のお金のリアル

　あなたは現在、毎月どれくらい、自由に使えるお金がありますか？

　1万円なのか、3万円なのか、5万円なのか、もしくは0円なのか、それによってあなたの普段の選択肢に大きな幅が生じてくることでしょう。

　独身か既婚か、正社員かアルバイトか、実家暮らしかひとり暮らしか、会社員か起業家か、働いているか専業主婦（主夫）かなど、それぞれの状況で金銭事情は異なります。

　では、平均的な26歳はどれくらいのお金を稼ぎ、どれくらい自由に使えるお金があるのでしょうか？　ご自身のお財布事情と比べながら、読み進めてみてください。

　国税庁が発表をしている「民間給与実態統計調査（令和3年分）」は、会社員の給与情報がデータとしてまとめられているものです。

　このデータによると、**25歳から29歳の平均給与は、男性が404万円、女性が328万円、平均が371万円となっています。**地域差もあるので多少のブレはありますが、ここではこの男女平均値の371万円を使って見ていきたいと思います。

　まず、年収371万円というのは、毎月の給与と賞与（ボーナス）が合わさった金額です。そのため賞与を夏1か月分、冬2か月分として、合計15か月で年収を除していきます。すると、**月収はおよそ「25万円」**になります。

　ただ、これは額面の金額なので、これを手取り額にする必要があります。くわしくは後述の「給与明細」の講義でお伝えをしていきますが、この年収を手取り額に換算すると、ざっくりとした金額で月に5万円ほどは税金や社会保険料で天引きがされます。つまり、**およそ「20万円」が手取りの金額**になります。**年収371万円の場合、毎月この20万円で生活することになる**のです。

4万円でやりくりをするという現実

それぞれの支出を計算していきます。

・食費をだいたい1日1000円と換算して、3万円
・家賃を地域差も考慮したとして、7万円
・携帯代やネット代、水道光熱費などの生活費で、3万円
・各種保険料やその他の雑費などで、3万円

すると、**残りは4万円です。**
友人と食事に行ったり、ひとり時間を楽しんだり、買い物を

したり、旅行へ行ったりするお金は、この4万円のなかから捻出をしなければなりません。

　貯金や投資も同様で、この4万円からする必要があります。**そう考えると、じつは毎月カツカツです。**

　もし車を持っている方であれば、さらに車のランニングコストがかかっていきます。

　子どもがいる場合には生活費が増え、かかってくるお金も増えていきます。

　奨学金の返済がある場合には、毎月コツコツと返していかなければなりません。

　すると、**賞与のお金でやりくりをするしか方法がありません。**

　結婚式に何度か誘われたら、お金を理由に参加できないということが起こるかもしれません。突然、家電が壊れようものなら、その出費はピンチになります。

　このように、お金に困った経験をされた方も多いのではないでしょうか？　**これがリアルな26歳のお金の状況です。**

　このような状況では、なかなか「お金を使おう」という気にはなれないですよね。

　実際、私も会社員として勤めていたときには、毎月の給与での生活はギリギリでした。賞与のほとんどを貯金することで起業準備のための活動資金にしたり、帰省をするときの交通費にしたりと、やりくりをしていました。

　あなたはこのようなモデルケースと比べて、どのような生活

をしていますか？　また、どの部分があなたと異なっていますか？

　年齢を重ねれば年収が上がるかというと、じつは思ったほど上がりません。

　同データによると、30歳から34歳の平均給与は、男性が472万円、女性が322万円、平均が413万円です。

　これだと手取り額で年間30万円ほどの差しかないので、月換算をすると2万円ちょっとしか給与は増えないということです。

　30代半ばになっても生活がいまとそれほど変わらないと考えると、なかなか先が暗い話ですよね。

　でも、大丈夫です。あなたは、いまこうして本書を読むことで、お金と向き合うことをはじめています。

　そんな未来が来るとわかっているなら、いまから手を打ち、状況を変えてしまえばいいのです。

　だからこそ大切になってくるのは、自由に使えるお金を増やすためにも「お金を学ぶこと」です。

　自由に使えるお金が増えれば、それだけあなたが選べる選択肢が増えていくからです。

講義メモ

お金のことを学ばなければ、いつまでも「今月も苦しい」が続く

将来困らないために、
お金の常識をアップデートする

　インターネットが出現してからというもの、世の中の常識は大きく変わりました。連絡はスマホが当たり前となり、気になったことがあれば、検索をすればすぐに答えが見つかります。道に迷うこともほとんどなくなりました。

　これからAIが普及すると、さらにいろいろな常識がアップデートされていくことでしょう。

　それこそ、ひと昔前であれば、会議をオンラインでおこなったり、マッチングアプリでパートナーを見つけたり、動画配信で起業をしたり、というのは「ありえない」ことでした。言ってみれば、非常識なことだったのです。

　それがいまでは、どれも一般的であり、「今日テレワークでリモート会議なんだ」と言っても誰も驚きません。時代の変化に伴い、非常識だったことは常識になったのです。

　このように、世の中の常識は時代の変化に伴って変わっていくものです。

　しかし「お金」に関しては、その常識のアップデートをできている人は、ほんのわずかです。

　たとえば「貯金をしろ」「投資は危ない」「大企業に入れ」「女性は専業主婦で旦那の仕事を支えろ」といったようなことは、完全に時代遅れな考え方です。

　いまの時代、そのお金の常識では、逆にうまくいきません。**時代に合ったお金の常識を身につけていかなければ損をしてしまったり、困ってしまうのです。**

　そもそも、いまあなたが信じているお金の常識は、どのようにして身についていったのでしょうか？

お金のことを、誰から学びましたか？

　いまでこそお金の授業がおこなわれるようになりましたが、私たちが子どものころには、お金のことを学ぶ機会はありませんでした。義務教育を受けているにもかかわらず、数学や歴史のことは学んでおいて、お金のことは学ぶことができていなかったのです。

　そのため、先生からお金のことを教わったという人はほとんどいないはずです。おそらく先生自身でさえも、お金のことはよくわかっていない場合がほとんどなので、教えることができないのです。

　**では私たちは、誰からお金のことを教わったのでしょうか？
きっと、多くの人がこう答えるはずです。「親から」と。**
　そして、ここに大きな問題があります。

私たちの親でさえも、ほとんどの場合において「お金について知らない」ということです。

　よほど感度が高くないかぎり、お金のことを学んでいる親は少ないことでしょう。

　そんな状態で子どもたちに伝えられることは、いままでの自分の経験だけです。

　「貯金をしておけばいい」「投資なんて危ないからやめておきなさい」「安定している大企業を目指しなさい」と、根拠がまったくないなかで、ただ"それっぽいこと"を言っている場合がほとんどです。

　これはある意味、仕方がないことでもありますが、それでもなかなか理不尽ではありますよね。

　また、お金のことを学ぶ機会は子どものときだけではありません。大人になってからもあるはずです。

　ここでも同様に、お金のことを教えてくれるのは会社の上司くらい。本や講座などで能動的に学ぶことをしなければ、まわりにいる先輩たちのお金の常識が、あなたのお金の常識になります。

　税金の計算も、給与からの天引きで会社が自動的におこなうため、自分がいくら稼いでいて、いくら納めているのかを知らなくても生きていけるようになってしまっています。

　このように、**能動的に「お金を学ぼう」としていないと、ほとんどの人が何の根拠もないお金の常識を信じ込まされてしまいます。**そのお金の常識が先祖代々から受け継がれてしまって

いる場合には、昔の常識をそのまま信じるハメになってしまうのです。

　もしも、あなたがこのように古いお金の常識を信じているだけなのであれば、一度その常識は捨ててしまいましょう。

　本書を機に、これからの時代にあった「新しい」お金の常識を身につけていくのです。

講義メモ 🖊

世の中の常識が時代と共に変わるように、
お金の常識も変わっていく

もっともっと、お金の話をしよう

　日本はとくに世界から見ても、お金の教育が進んでいないと言われています。

　投資に関する知識が乏しかったり、現金主義だったり、貯金絶対主義だったりと、お金のことを考えなくていい仕組みを国が整えてくれているからこそ、お金のことを考えない国民ばかりになってしまいました。

　たとえば**経済大国アメリカでは、全国民が確定申告をおこないます。会社員であろうと起業家であろうと、です。**

　そのため、嫌でも数字や税金と向き合う必要があります。

　でも、だからこそ自分のキャリアについて考えるきっかけになったり、政治に参加する理由になったりしているようです。

　お金のことを考えるからこそ、自分のいまや将来を考えることになるのです。

　一方、日本は自分がいくらの税金を納めているのかを把握している人は全体の10％もいないのではないでしょうか。もしかすると、もっと少ないかもしれません。

　自分がいくらの年収なのかを把握できていない人もいます。

それくらい、お金に無知な方が多いのです。

　お金の話をすることも一般的にはタブーとされており、家族間でもお金の話をする機会はあまりないのではないでしょうか？

　そうやって、お金と向き合う機会がないことで、お金から遠ざかってしまい、「お金のことはよくわからない」といった状況が生まれてしまいます。

　しかし、それではこの変化の激しい現代において、ただ流されて過ごすだけになってしまいます。

　幸せだと思える自分の人生をしっかりと生きたければ、お金のことを考えるのは、必要不可欠なことです。

お金のリテラシーを高める

　ただ、**そんな日本も最近は「お金を学ぶ」人が増えてきました**。書店へ行くとお金の本のコーナーは必ずといってもいいほどあり、多くの方がお金のことを学ぶ意欲を示しています。ほかにもYouTubeで学んでいる方も多いことでしょう。

　これは世の中全体の価値観の変化でもあり、「お金のことを考えないとまずいな」と思う機会が増えているからではないでしょうか？

　そうやって、お金のリテラシーを個人個人で高めていくことは、自分自身のためにも、社会全体のためにも大事なことです。

お金のことを学ぶなかで意識をしてもらいたいのが、年代によって学ぶべきお金の知識が異なるということです。

ライフスタイル、ライフステージ、ライフプランによって、お金の使い方や考え方、扱い方が変わっていきます。

とくに変化が激しく、これからの人生も長い20代の方は、20代に合ったお金の学びをする必要があります。

そこで、本書は「26歳」で学んでおきたいお金のことを網羅した1冊にしています。

もしかすると、すでに知識がある方にとっては、本書は知っている内容も多いかもしれません。

ただ一方で、それを本書で初めて学ぶという方もいます。そこで、「お金の入門書」という位置づけで、とくにお伝えをしておきたいものだけを厳選してお伝えしています。

まずは本書でお金のことに興味を持ってもらい、さらに学びたいという方は、それぞれの分野に特化したお金の本を読んでみたり、講座に参加してみましょう。

そうすることで、いろいろなお金の考え方を知ることができるので、幅のある知識を得ることができます。まるで大学で「お金の単位」を履修したような気持ちで本書を読み進めていきましょう。

講義メモ

自分がいくら税金を納めているかすら、知らない人が多い

「お父さんが借金をつくっていなくなった」

いまでこそ、お金と向き合うことで幸せな毎日を送ることができている私ですが、過去、お金と向き合っていなかったときには、人生の底とも言える不幸を感じていたことがあります。

私が中学2年生のころ。
部活動を終え、自宅へと帰ると、母が暗い顔をしていました。
心配になった私は母に声をかけると、絞り出すような声で、衝撃的なひと言を発しました。

「お父さんが借金をつくっていなくなった」

まさに寝耳に水。何を言っているのか、さっぱり理解ができませんでした。
ただ、事実は事実です。
昨日までの幸せは一瞬で崩れていきました。

その後、**青春真っ只中で、ど田舎の離島である母の実家へと、妹と家族3人で引っ越しをすることになり、お金のない生活がはじまりました。**

多感な時期のあまりにも大きな環境の変化は、私の心を強く揺るがしました。

　そのとき、私は漠然（ばくぜん）と感じました。
「お金がないと、幸せになることもできないんだ」 と。

お金のせいで、どん底だった

　そこからの人生は、我慢の連続でした。
　好きな部活動をすることもできず、どこかへ気軽に遊びに行くこともできません。
　クラスメイトからはいじめられ、「なんでこんな思いをしないといけないんだろう」と何度も心が折れました。
　うつ病と不登校の寸前にまでなり、先生とやり合うほど荒れてしまいました。

　お金と自由がないことに窮屈（きゅうくつ）さを感じ、いっそのこと、中卒で家を飛び出そうと思っていたくらいです。それくらい苦しい学生時代でした。

　これは、私の父がお金と向き合っていなかったからこそ起こってしまったことです。
　家族を持った場合、お金と向き合わないことによる影響は、自分自身だけでなく大切な家族にまで及んでしまいます。
　だからこそ、歳を重ね、守るべきものが増えれば増えるほど、

お金と向き合っていなければなりません。そうしなければ、まわりに迷惑をかけてしまうからです。不幸になってしまうからです。

　私はこの経験からお金に興味を持ったことで税理士の道を志し、結果として、いまではお金のプロフェッショナルになることができました。

　最近になって、やっと「あれは、なくてはならない経験だったな」と思えるくらいにはなりましたが、自分の子どもたちには絶対にそんな想いをさせたくありません。

　このように「親がお金と向き合っていなかった」ということ以外にも、お金と向き合っていないことで起こってしまう不幸は数えきれないほどあります。

　たとえば、借金で首がまわらなくなったり、金融詐欺に巻き込まれたり、起業をしたのにお金と時間の自由がなかったり、自分の子どもに好きなことをさせてあげられなかったり、まわりの人からの信頼を失うことになってしまったり……。

　お金は、私たちの生活や人生と直結しているからこそ、しっかり向き合っていないと不幸になってしまう可能性やリスクが高まってしまいます。

　ただ一方で、これらはお金と向き合うことで未然に防げることばかりです。

　お金はそのつき合い方、扱い方次第で、幸せになることもで

きれば、不幸になってしまうこともあります。

　あなたは、不幸になることがないように、しっかりとお金と向き合っていってくださいね。

講義メモ

お金としっかり向き合わないと、
大切な人を不幸にしてしまうこともある

「知っているだけ」で得することは
たくさんある

「賢いやつは騙されずに得して勝つ。バカは騙されて、損して負け続ける。これがいまの世の中の仕組みだ。だったらお前ら、騙されたくなかったら、損して負けたくなかったら、お前ら、勉強しろ！」

これは漫画やドラマなどで大人気の『ドラゴン桜』の熱血教師、桜木先生が東大を目指す生徒たちにかけた言葉です。

物語のなかでは「東大に行くための勉強」という意味で使われた言葉ではありますが、これは「お金の勉強」に置き換えても同じことが言えます。

大人になってからもその学びを使うという意味では、お金の学びのほうがより深い意味になるくらいです。

- 貯金ではなく運用をすることで、将来のお金が増える
- 残業ではなく、副業をはじめることで生涯年収を上げる
- 節約ではなくお金を稼ぐことで、自由に使えるお金を増やす
- 賢く節税をすることで、額面金額は同じでも手取りを増やして、好きなことに使う

このように、お金は「知っているだけ」で得をすることが本当に多くあります。

　むしろ多くの人がお金のことを知らないからこそ、いまお金のことを学んでいるあなたは、その人たちと比べて得をすることができるのです。

　そして、これは幸せに関しても同じです。

　お金と向き合っていないからこそ不幸になるだけであり、**お金と向き合い、幸せになるためのお金の知識や考え方を身につけていけば、あなたは幸せになることができます。**

　海外旅行へ行ったり、大好きな人と安心して暮らすことができたり、美味しいものを食べることができたり、ひと目惚れした服を買うことができたり、心を震わせる感動体験をすることができたりと、お金によって買うことができる幸せはたくさんあります。

　あなたもこれまでに、幸せをお金で買ったことがあるはずです。意識をしていないだけで、私たちはいつの間にか幸せをお金で買っているのです。

幸せになるためにお金を学ぼう

　でも、お金があるからといって必ず幸せになれるわけではありません。お金がすべてではないからです。

　しかしお金がないと、選ぶことができる選択肢が限られてし

まうことも事実です。

　選択肢があるということは、それだけでも幸せなことです。自分のなかでいろいろな道を考えたうえで選ぶことができるわけですから。納得のゆく、後悔のない選択をすることもできることでしょう。

　一方、選択肢が限られていると、たとえほかの選択肢がよかったとしても選ぶことができないため、我慢を強いることになってしまいます。

　大学に行きたかったのに行けなかった。
　結婚式をしたかったけどできなかった。
　広い家を建てたかったけど難しかった。
　健康にいい食事をしたかったけど家計的に厳しかった。

　このように、どうしても「お金に人生を左右されてしまう」のです。

　お金によってさまざまなことが成り立つ世の中です。
　もしも、お金が流通していない世の中であったとすれば、お金のことは考えなくてもそれほど支障はありません。
　しかし、現代ではそんなことはありません。
　お金とうまくつき合っていくことで、あなたは幸せを手にしたり、感じたりすることができるのです。

　「お金」と「幸せ」は切り離すことができません。

お金のことをまったく考えずに幸せで居続けるということは、現代社会では不可能です。

だからこそ、幸せになるためにお金のことを学び、お金と向き合っていきましょう。

お金は、生まれてから死ぬまで、一生関わっていくものです。

これからの長い人生のさまざまな選択のときに、お金と向き合っていなかったことで想いや夢をあきらめてしまわないように、いまから、幸せになるためのお金の知識と考え方を学んでいきましょう。

それではこのあたりでガイダンスは終えて、いよいよ本講義に入っていきます。

お金の知識は何歳からでも身につけることができます。

もし、いま何もわかっていなかったとしても大丈夫です。今日から身につけていけばいいだけです。

私と一緒に、全12講義をひとつずつ履修していきましょう。

講義メモ

お金によって選択肢が増えれば、幸せになれる確率が上がる

第 1 講

貯金と銀行

「老後のための貯金」は必要ない

「将来、受け取れる年金とは別に2000万円の貯金が必要」

　これは、2019年に金融庁が発表をした報告書で明らかになった「老後2000万円問題」の大まかな概要です。当時ニュースなどでも大々的に取り上げられ、多くの人が「老後のお金を準備しておかないといけないんだ」と感じたことでしょう。

　ただ、この報告書を読み解いてみると、前提条件に「マイホームを持っていること」「住宅ローンは払い終わっていること」「老人ホームなどの費用は含まれていないこと」などが設定されているため、**この条件を満たしていない人たち（つまり、ほとんどの人たち）にとっては、老後資金は2000万円では足りません。**

　いまの20代の方が年金を受給する時期に、どれくらいの年金を受け取れるかが不透明であると考えると、老後資金を国に頼ることは期待せず、自分で準備しておいたほうがよいでしょう。

　では、この老後資金を準備しようと考えたとき、あなたはど

のような方法を取りますか？

　このとき「それなら、老後のために貯金をしよう！」となった方は要注意です。老後のための貯金ほど、ムダなものはないからです。

　老後資金を準備する方法は「貯金」だけではありません。

　老後でもお金が入ってくるような仕組みをいまから準備しておいたり、老後で使うお金を運用で準備しておいたりと、いろいろな方法があります。

　そして、さまざまな方法のなかで、**老後のために銀行や現金で貯金をすることがもっとも悪手**です。

　これから物価が上昇し、貨幣価値が下がっていくことを考えると、何十年先に使うお金を現金で貯めておくことは、貯金をすればするほど損をしてしまうということと同じなのです。

老後のために、大事な「いま」を犠牲にしていいのか？

　老後のための貯金は必要ありません。

　とくに、20代では過度な貯金をする必要はないのです。

　貯金をするくらいなら、使って、経験や体験に変えていったほうが後々の人生において財産となります。

　まして、老後のために貯金をして、いまそのお金を使えないのであれば、あなたは「老後のためにいまを生きている」こと

になります。そんな無機質な生活は自分らしい人生とは言えないのではないでしょうか。

老後の備えは、貯金以外の方法でしっかりとおこないつつも、老後の生活はまた老後が差し迫ったときに考えましょう。

時代は、いまから想像ができないほど、技術も考え方も働き方も変わっているでしょう。そんな不確定な未来よりも、いまとちょっと先の未来をどれだけ充実させるかを考え、お金を配分していきましょう。

何度も言うように「貯金をしておけばいい」というのは、ひと昔前の古い常識です。いまの時代、その選択はお金の知識がある人からすれば、むしろ非常識な行動です。

多くの人が「とりあえず貯金」をするのは、それが正解だからではなく、その方法しか知らないからです。知識がないからこそ、取らざるを得ない選択になってしまっているのです。それでは損をしてしまいます。

貯金をすることで損をしてしまわないためにも、現代の貯金の常識を学び、正しい貯金の考え方を身につけていきましょう。

講義メモ

2000万円を現金だけで貯めておいても、老後は足りない

貯金をするとお金が減っていく？

　子どものころ、両親や祖父母、学校の先生などから、このような言葉を言われたことはありませんか？

「とりあえず、貯金をしておきなさい」
「貯金はしているの？」
「貯金をしておけば大丈夫だから」

　はたして、これらの言葉は本当に正しい情報なのでしょうか？　この言葉をかけてくれた人は、しっかりとした知識や根拠をもって伝えてくれていたのでしょうか？
　きっと、ほとんどの場合において、「そう言っておけば事故が起きる可能性が低いから」伝えていることばかりです。
　つまり「得をするアドバイス」ではないということです。
　そして、**損をしないように伝えているアドバイスのはずが、いまのお金の常識で考えると、「損をするアドバイス」にさえ、なってしまっている**のです。

　いまから、30年ほど前の1990年代。
　銀行にお金を何年か預けておく「定期預金」の利率は「6

％」でした。この数字はいまとなってはすさまじいもので、**10年定期（10年間銀行に預けっぱなしの定期預金）に100万円を預けていた場合、10年後に引き出すときには、そのお金は179万円になっていました。**

　これを銀行に預けるだけというローリスクでおこなえるのだから、お金がある場合には貯金をしておくことが当時はもっとも堅実であり、適切でした。

　しかし、令和においては、このようにお金が増えることは、銀行預金ではあり得ません。
　いま、同じ条件の定期預金に預け入れたとしたら、10年後、預け入れた定期預金の100万円はいくらになっていると思いますか？

　なんと「1000200円」です。200円しか増えません。

　引き出すときの手数料の金額でマイナスになってしまうくらいしか増えません。それも10年間お金を引き出せないにもかかわらず、です。
　いまの定期預金の利率は、0.002％です。
　当時の利率と比べると3000分の1です。
　ひと昔前のお金の常識であれば「銀行に貯金をすること」が正しい選択でしたが、現在のお金の常識であれば、「銀行に貯金をすること」は誤った選択になります。
　目的もなく、ただ貯金をすることは、お金を減らす行為になってしまうのです。貯金の常識は大きく変わったのです。

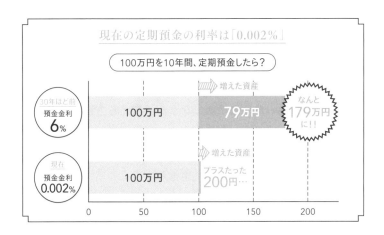

現在の定期預金の利率は「0.002%」

100万円を10年間、定期預金したら？

増えた資産

30年ほど前
預金金利
6%

100万円　79万円　なんと179万円に!!

現在
預金金利
0.002%

増えた資産

100万円　プラスたった200円…

0　50　100　150　200

今日100円で買える卵が、
明日100円で買えるとは限らない

　また、世の中の物価は絶えず変化をします。

　スーパーで今日100円で買うことができていた卵は、明日には110円になっているかもしれません。

　すると、あなたが手持ちで100円しか持っていなかった場合、今日は卵を買えるのに、明日は買えないのです。同じ100円を持っているのに、です。

　100円の価値が1日で下がってしまうのです。

　これが物価の上昇と貨幣の時間価値を表す考え方です。

　つまり、いま100万円で預けたお金が10年後も100万円のままだった場合には、その100万円の価値は100万円分もないことになってしまいます。

持っているお金の額は変わらなくとも、買えるものは少なくなってしまうので、結果としてお金が減ってしまうのです。

　だからこそ、長期的な貯金は要注意です。
**　この性質を知ったうえでおこなうか、増える方法で貯金や積み立てをしていく必要があります。**
　私は税理士という仕事柄、銀行の方とお話をする機会も多いですが、銀行員でさえも、銀行預金をすることはオススメしていません。「**長期的に預金をするくらいなら、NISA で積み立てたほうがいいですよ**」と言うくらいです。
　それくらい、いまの時代において長期的な貯金を銀行でするメリットはないに等しいのです。

　ただ、**そうは言っても一定の貯金は必要です。貯金をすることが悪だと言っているわけではありません。もちろん私も貯金はしています。**
　では、どのような貯金はよくて、どのような貯金はよくないのでしょうか？
　じつは、いい貯金には3つのパターンがあります。
　そのパターンに当てはまるものであれば、貯金はしてもOKです。むしろ積極的にしていきましょう。次の項目でご紹介します。

講義メモ

「銀行に預けておくだけ＝お金が減っていく」と同義

「必要な貯金」はこの3パターンだけ

　長い人生を過ごしていくうえで、一定の貯金は欠かせません。お金は生活の動力でもあるので、安定した基盤は必要になります。そんななかで貯金がゼロというのはなかなかリスキーです。

　だからこそ、必要な貯金もあります。

　では、いったい「必要な貯金」と「不必要な貯金」の違いは何なのでしょうか？

　まず、**不必要な貯金の代表格は「なんとなく貯金」です。**

　何も考えずに、何の目的もなく、ただ貯金をしていること。これはいますぐやめてください。

　ただ**「万が一のときのため」「将来の夢のため」「子どもの教育費のため」などの意味や目的がある場合には、それは必要な貯金になります。**

　そのような必要な貯金は、その性質に応じて、大きく3つに分けることができます。

　次の3つのパターンのいずれかであれば、必要な貯金となります。そして、それぞれの貯金のパターンごとに「銀行で貯金をするのか」「運用をするのか」などの打ち手も変わります。

　自分の貯金は3つのパターンのどれに当てはまり、どれくら

いの割合なのかを考えながら、読んでみてください。

あなたの貯金はどのパターン？

それでは、3つのパターンをひとつずつ見ていきましょう。

【1】流動性貯金

これは、いつでも引き出せる貯金のことです。
オススメの貯金方法は「現金」または「銀行預金」です。
いわゆる「何かあったときのための貯金」です。
ただ、入院をしたときや病気をしたときという意味の「何かあったとき」は第2講でお伝えをする保険で賄えばいいので、ここでいう「何かあったとき」というのは、おもに次のようなケースのことを指します。

・結婚式のご祝儀やお葬式の香典
・引越し費用（退去費用や敷金・礼金の支払いなど）
・車や自宅などの所有物が壊れたときの修理代
・家具や家電の買い替えに必要なお金
・欲しいものや必要なものが出たときにサッと出せるように用意しておく余剰金

このように、いつでも動かせて、余裕のあるお金を貯めておく貯金です。

　多くの人が「貯金＝流動性貯金」をしていることでしょう。
　では、この流動性貯金はどれだけ蓄えていてもいいかというと、そういうわけでもありません。
　過度な流動性貯金はお金の動きが悪くなるので、損をしてしまうことにもなりかねません。ほどほどにしておきましょう。この金額の目安については、このあと解説していきます。

【2】計画性貯金（将来貯金）

　これは将来必要なお金のために計画的に積み立てていく貯金のことです。子どもの教育費や海外旅行の資金、将来の夢のためなど、必要な金額と目的が明確な貯金のことです。
　計画性貯金の**オススメの貯金方法は「投資信託」や「変額保険」などの運用系**です。

　たとえば、15年後の子どもの大学入学に向け、その大学費用を貯めておきたいという場合、銀行預金で15年間貯め続けることと、投資信託や保険などで運用をしておくのとでは、15年後にあるお金が変わります。
　運用系の場合、投資なので確実にそのお金があるかは保証されませんが、ほぼ高い確率で、銀行で貯金をする場合と比べて増えていきます。
　なぜなら世界の経済は成長し続けるからです。
　貯金は貯金でも、その目的が10年以上の長期に渡り、ある程度欲しい金額が確定している場合には、確実性の高い長期投資を活用するのがオススメです。

その貯金が計画性貯金に当てはまる場合には、運用をしながら、計画的に貯金をしていきましょう。

　そうするだけで貯金をするお金は同じでも、貯まるお金は増えていき、賢くお金を準備することができるのです。

【3】幸せ還元貯金

　これは、あなた自身や、家族などのあなたのまわりの人を幸せにするための貯金です。「ご褒美貯金」や「贅沢貯金」と置き換えてもいいです。

　オススメの貯金方法は「いつもとは別口座の銀行預金」です。

　幸せ還元貯金の代表例としては、ひとり旅や家族旅行、ちょっと高めの外食、趣味、美容代など、すぐにはそのお金は準備できないけれど、それを買うために準備をしておいて、貯まったら買えるようにしておくための貯金です。

　自分を幸せにするもののために、貯めておきましょう。

　日本人の多くはムダ遣いを避けようとします。お金を使うくらいなら貯めておこうという選択になり、なかなか自分のためにお金を使うことをしません。

　しかし、お金は使わないと何も得られません。

　お金は、使うことで幸せと交換することができます。

　そこで、この幸せ還元貯金です。

　「お金が貯まったら旅行へ行こう」「お金が貯まったら服を買おう」ではなくて、「旅行へ行くために」お金を貯めたり、「服

を買うために」お金を貯めたりしていけばいいのです。

　そうやって、欲しいものがあるのであれば計画的にお金を貯め、貯まったら幸せと交換していきましょう。

　幸せ還元貯金を別口座でおこなうことをオススメしている理由は、いくら貯まっているかをラクに把握するためです。

　旅行目的で5万円を積み立てるならば、いつもの通帳で貯金するよりも、別通帳で貯金をするほうがわかりやすいでしょう。そして別通帳で5万円が貯まったときに、その5万円を使って旅行へ行くことを自分のルールとしておきましょう。

　さらには、幸せ還元貯金をするものは1種類ではないことがほとんどです。旅行のため、親孝行のため、好きな漫画を大人買いするためなど、それぞれの目標金額を設定し、コツコツ積み立てていきましょう。

　そうすることで欲しいものを確実に買うことができ、ムダ遣いも減らしていくことができていきます。

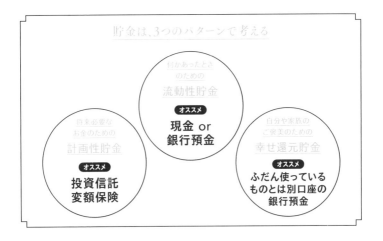

貯金は、3つのパターンで考える

何かあったときのための
流動性貯金
オススメ
**現金 or
銀行預金**

将来必要な
お金のための
計画性貯金
オススメ
**投資信託
変額保険**

自分や家族の
ご褒美のための
幸せ還元貯金
オススメ
**ふだん使っている
ものとは別口座の
銀行預金**

さて、あなたがいましている貯金は、3つのうちどのパターンに当てはまるでしょうか?

　ぜひ一度、いまの貯金の見直しをおこない、それぞれの種類ごとに金額を出してみましょう。

　そして、必要な金額を必要な分だけ、計画的に貯めていってくださいね。

講義メモ✏️

貯金の目的は「流動性貯金」「計画性貯金」
「幸せ還元貯金」のいずれかが必須

貯金額の目安は、
月収の○か月分だけでいい

あなたはいま、貯金がいくらありますか？

そして、その貯金はいつからその金額ですか？

増え続けていますか？　変わらないですか？

なぜ、この質問をしたかというと、貯金の性質には、ひとつ厄介なものがあるからです。

それは、**お金は「貯めれば貯めるほど、使えなくなってしまう」**ということです。

あなたも経験がありませんか？

貯金が10万円になったとき、50万円になったとき、100万円になったとき、区切りのいい数字になったときに「お金を使おう」ではなく「お金を減らしたくない」と思ったことが。

この「お金を減らしたくない」という考えは、危険を選択しない人間らしい考え方であり、お金で幸せを買うという面においては、厄介な考え方でもあります。

多くの人が、この「減らしたくない」という考えから、なんとなく貯金をしてしまい、お金がある（貯金をしている）のに、

お金がないと思ってしまうのです。

　私も新社会人のころ「貯金をするのは偉いこと」と思っていたので、稼いだ給与や賞与のほとんどを貯金にまわしていました。そして節約をしながら、仕事終わりや土日は家にこもってゲームをするという生活をしていました。
　すると、たしかにお金は貯まりましたが、到底、理想的で幸せな人生だと思うことはできませんでした。
　そんな状態では、何のために仕事をしているのか、何のために難しい勉強をして資格を取ったのかがわからなくなり、仕事へのモチベーションも著(いちじる)しく低下をしました。

　このままだとマズいと直感的に思った私は、あえてお金を使い、いろいろな出会いの場に顔を出すことにしました。
　すると、いいご縁に恵まれ、その出会いから「お金を使う大切さ」や「お金で幸せを買う感覚」を学び、そういうものにお金を使っていくと、劇的に人生が充実をしました。
　いまでは毎日が幸せだと思えるほど充実をしています。

　もしかするといまは、当時よりも貯金（流動性貯金）はできていないかもしれません。
　でも、その代わりにお金には変えられないものを得ることができ、貯金をしていたころの自分とは比べ物にならないほど、人生の充実感を手にしています。

　貯金だけをしても、幸せになることはありません。過度な貯

金をしても、あなたの人生が充実することはないのです。

　だからこそ、**貯金をする際には目安を決め、それ以外の貯金は過度な貯金と捉え、使うか運用するかでお金をまわしていきましょう。**

　貯金のうち、計画性貯金や幸せ還元貯金については、目的や目標金額があるため過度な貯金になることはありません。

　自分で決めた金額を、自分で決めた期限まで、コツコツと貯金をしていくだけです。

　ただ、流動性貯金については、その性質上、どれだけでも貯金をすることが可能となってしまいます。「何かあったときのため」という抽象的な目的では、どれだけでも備えておくことができてしまうからです。

　そこで、流動性貯金には目安金額が必要です。

　では、いくらに設定しておけばいいのでしょうか？

　100万円？　200万円？

　ここで考えたいことは、**キリのいい数字ではなく「必要な数字」です。**何か起こったときの最悪のケースを想定したうえで、目安を決めておけば安心です。

流動性貯金は、多すぎてもよくない

　もっとも大きなリスクとして挙げられるのが「病気」や「事故」で働けなくなることです。ただ、これは保険で保障をして

おけばいいので、何かあったときとは考えず、別のケースで考えます。

　すると、あり得るケースとしては、勤めている会社をクビになったり、会社が倒産をしたり、精神的な理由で働けなくなったりしたときではないでしょうか。

　こうなったときも補償が下りたり、すぐに手を打てば次の道が見つかったりする可能性が高いため、**流動性貯金の目安は、だいたい「月収の3か月分」くらいあれば十分です。**

　家族が多い場合や固定費が多い場合にはもう少し増やしてもいいかもしれませんが、それでも「6か月分」までれでしょう。それ以上は流動性貯金としては、多すぎます。

　貯金をしておけば、一時的には安心かもしれません。何かあってもそのお金を頼ればいいですから。

　一方で、貯金をしているお金は、いまは使うことができないという事実もあります。

　せっかくがんばって稼いだお金は使っていかないと、いつまで経っても幸せになることはできません。貯金は増えても、幸せが増えることはないのです。

　そのため、貯金額を増やすことを目的にするのではなく、貯金できる金額を増やしていけるように収入を高める工夫をしたり、運用をしたりしていきましょう。

　そうすることで幸せ還元貯金を貯めていったり、幸せ還元貯金を取り崩して体験を買ったりすることで、幸せを感じ、あなたの人生がより充実していくことでしょう。

　さて、貯金の講義はいかがでしたか？

　まずは、自分の貯金を3つのパターンに分け、見直すところからはじめていってくださいね。

　それでは、次は流動性貯金のところでも軽く触れた「保険」について、お伝えをしていきます。

　「生命保険はムダだからいますぐ解約しろ！」という論調が多い最近の日本ですが、その言葉を信じて生命保険に入らないという選択をしていいほど保険は単純な話ではありません。

　保険に関する正しい知識を学び、しっかりと保険の効果を使いこなせるように学んでいきましょう。

講義メモ

流動性貯金は月収の3か月分でOK、多くても6か月分

第 2 講

保険

小さな虫歯の治療で何万円も
請求されないのは、保険制度のおかげ

　まずは身近な保険である「社会保険」からお伝えをしていきます。

　日本では「国民皆保険制度」が採用されており、国民は全員、公的な医療保険に加入をし、その保険料を全員で負担をしなければなりません。

　これにより、私たちは国民健康保険または社会保険に入る必要があるのです。

　そのため、病院へ行ったときには、その医療費は3割負担で済みます。小さな虫歯の治療をして何万円も請求されることはないでしょう。これは皆保険制度による恩恵です。

　アメリカでは、虫歯の治療をするだけで数万円から数十万円請求されてしまいます。アメリカでは一定の人を除き、自分で自由に医療保険へと加入をするため、ほぼ全額の医療費を負担する必要があるからです。

　私たちが普通と感じる医療費の金額は、皆保険制度によって成り立っている日本人独自の感覚というわけです。

　また、社会保険のもうひとつの顔として、**年金制度**があります。

　いま働いている現役世代が国民年金保険料や社会保険料を支払うことで、高齢者の方たちに年金を支払うという制度です。

　この年金制度がはじまったころは、国民の平均寿命が65歳前後だったことにより、バランスの取れた制度でした。

　しかし、最近は少子高齢化社会や医療の発達で平均寿命が大幅に伸びたことにより、バランスが崩れてしまっています。

　受け取れる年金額は変わらないにもかかわらず、負担する保険料が増えていくなど、やりくりが難しい制度となっています。

　現在20代の人が将来いくらの年金を受け取れるのかは正直不透明ではありますが、年金制度が継続していく以上、私たち現役世代は年金の保険料を支払い続けなければなりません。

結局、私たちはいくら社会保険料を支払っているのか

　この社会保険料はなかなか高額です。

　社会保険に加入している会社で勤めている方は、給与から社会保険料が天引きされる形で毎月納めています。

　社会保険に加入していない会社で勤めている方、もしくはフリーランスなどの自営業の方は、国民年金保険料の納付書が自宅に届き、それによって納付をしているはずです。

　保険料としては、社会保険料の場合には給与の15％ほどで、国民年金保険料の場合には、月16000円ほど（令和5年度）です。国民年金保険料を支払っている方の場合には、ここに国民

健康保険料の支払いも来るので、さらに負担が大きくなります。

　社会保険料の場合には、天引きされる金額のなかに健康保険料も含まれるので、この金額のみになります。

　日本の人口の分布が変わらないのであれば、ここから、この負担額はさらに増えていくことでしょう。

　ただ、社会保険制度によって医療費を抑えることができたり、将来の年金を受け取ることができたり、出産一時金を受け取ることができたりと、メリットも多いです。

　亡くなった場合には、遺族年金を受け取ることもできるので、支払いと受け取りのバランスはともかく、何かあったときに最低限の保障はされるようになっています。

　お金のことや保険のことを考えなくても生活ができるのは、この日本の制度のおかげです。

　だからといって、考えなくていいわけではありません。

　いざというときに困らなくていいように、社会保障に頼りつつも、自分で備えておくべきところは自分でしっかりと備えておきましょう。

　そこで、**足りない分を自分で備えられる方法が「生命保険」**です。

講義メモ

社会保険は、最低限の保障をしてくれる優れた仕組み

20代の生命保険の入り方

「生命保険に支払っている保険料は投資にまわせ」
「生命保険料なんて支払ってもムダだ」
「お金がないから生命保険には入らない」

最近、このような言葉を多く聞きます。

そして、この言葉を鵜呑みにして、生命保険に入らない人も増えてきました。とくに20代の若い人は「保険よりも投資」という人も多いのではないでしょうか?

もしくは、親に掛けてもらったものをそのまま続けていたり、学生時代の友だちが保険の営業になり、そのつき合いで入っていたりすることも多いでしょう。

NISAなどの投資でお金を増やすことも、節税をして使えるお金を増やすことも、もちろん大切です。

しかし、それよりも大切なことは「何かあったときに困らないようにしておくこと」です。

お金を増やすという攻めの部分を考える前に、万が一のときにお金に困らないようにしておくという守りの部分を強化しておくことが大切なのです。

そして、その「守り」の代表として活用したほうがいいもの
が「生命保険」です。

　たしかに過度な生命保険は不要であると思いますが、そのす
べてが不要なわけではありません。
　生命保険はうまく使えば、安心をお金で買えてしまうすばら
しい制度になっているのです。

「保険金をもらうため」ではなく 「安心を買うため」に

　生命保険の仕組みはシンプルです。
　**多くの人から保険料を集め、その保険料のなかから、病気や
怪我で治療が必要な人や亡くなってしまった人に対して保険金
を支払うというものです。**
　自分も含め、誰かに支払われる可能性のある保険金を皆で負
担し合っているイメージです。
　そのため健康な人にとっては、生命保険料は一見ムダのよう
なイメージがありますが、決してムダではありません。
　なぜなら、生命保険は「保険金をもらうため」に支払ってい
るのではなく、**「安心を買うため」に支払っている**からです。

　たとえば、あなたに万が一のことがあり、今日亡くなってし
まった場合、パートナーや子どもなど、家族はどうなってしま
うでしょうか？

　どれだけ悲しみに暮れていたとしても、生活は続いていきます。お金がなければ生活はできないのです。
　あなたが稼ぎ頭だった場合には、残された家族がその収入を補填することは難しいでしょう。あなたが家事や育児全般をやっていた場合、代わりに家や子どものお世話をする人を雇う必要性が出てくるかもしれません。

　背負う責任が重ければ重いほど、私たちはお金のリスクが上がります。それは男女ともに、です。
　そんなときに、万が一に備えて生命保険があれば、残された家族は助かります。
　自分が稼いでくるはずだった生活費のお金を生命保険で賄うことができれば、金銭的にはいまの生活を維持することができます。そんな状態を健康なうちから準備しておけば、「何かあったとき」のリスクは軽減することができます。

　人はいつ亡くなるかわかりません。事故や病気、事件など、いくら平和な日本であっても、死のリスクは誰にでも平等にあります。
　そんな死のリスクに備えておくためにも、生命保険のことを考えておく必要があるのです。

　また、病気になったときの治療費や難しい手術をおこなうときの手術費など、国からの補助があるものもありますが、そんなときに生命保険があって困ることはありません。
　補助だけでは足りないケースもあり、そんな不透明な事由に

備えて貯金をしておくのもバカらしい話です。

　だからこそ生命保険の活用です。

　リスクに備えておくために、安心を買うために、保険に入っておくのです。そうすると何かあったときに安心です。守りは固ければ固いほうがいいですから。

　ただ、生命保険が必要でない人もいます。
　それが「独り身の人」と「お金持ちの人」です。

　独り身の人は、たとえ自分が亡くなったとしても金銭的に迷惑をかけるケースはそれほど多くありません。もちろん治療や入院のリスクはありますが、多額の死亡保険などを掛けておく必要はそれほどないでしょう。

　また、お金持ちの人は、何かあったとしてもお金があるので、それで解決できてしまいます。

　逆に、**家族を持っている人やお金がない人は、生命保険が必要です。**むしろ、そういう人たちのための制度が生命保険です。お金がないから入らないのではなく、**お金がないからこそ入っておきましょう。**

　なお、生命保険へのオススメな入り方としては、「短期」の「掛け捨て保険」一択です。

　生命保険は大きく2つに分けられます。
　・解約時にお金が返ってこない「掛け捨て保険」
　・解約時に解約返戻金というお金が戻る「積み立て保険」

の2種類です。

積み立て保険は、投資要素の強い保険で、保障という目的においては保険料が割高になります。

一方、掛け捨て保険は、保障だけに特化した保険なので、それほど保険料も高くありません。若い人であれば1億円の死亡保険を数千円／月で入ることができてしまいます。

保険期間も5年契約や終身契約などいろいろありますが、あなたが健康であるなら、短い期間でできるだけ保険料を抑えて、保障を手厚くしておいたほうが保険の効果は高くなります。

最低限でいいので、その最低限の保障はしっかりと抑えておきましょう。

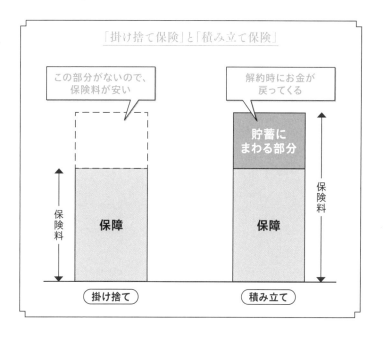

「掛け捨て保険」と「積み立て保険」

この部分がないので、保険料が安い

解約時にお金が戻ってくる

貯蓄にまわる部分

保険料

保障

掛け捨て

保険料

保障

積み立て

ちなみに、私は保険の営業職ではないので、保険に入る人が増えようが減ろうが、あまり関係はありません。

　でも、そんな**フラットな立場であっても、入ったほうがいいと思って、いまこの文章を書いています。**

　あなたに万が一のことがあったとき、残された家族に「生命保険を残しておいてくれてありがとう」と思ってもらえるように。あなたが家族を愛しているのであれば、生命保険には手厚く入っておきましょう。

講義メモ

生命保険は「短期」の「掛け捨て」がオススメ

いま自分が死んで困る人がいるなら、生命保険は入っておく

では、実際に「いま26歳の人」は、どれくらいの保障が必要なのでしょうか？

ここでは、26歳男性が同い年の奥さんと結婚をし、子どもが1人生まれたあと、その男性が突然亡くなってしまったと仮定をして試算をおこなっていきます。

自分の立場をイメージしながら、想像して読んでみてくださいね。

まず、最低限必要なものは、**残された家族の生活費**です。

子どもが大学へ行くかどうかはわかりませんが、大学へ進学したときのために、大学を卒業する22歳までの生活費は準備しておきたいところです。

そう考えると、遺族年金を月10万円ほど受け取れることを考慮し、備えておく低めの金額として保険で備える生活費を20万円と設定をし、22年で計算をします。

すると、20万円×12か月×22年＝**5280万円**という数字が出てきました。

次に子どもの教育費です。

学費や塾代、給食費などの教育費は、**1人あたり約1000万円**とも言われており、1000万円は準備をしておいたほうがいいでしょう。

　残りは**パートナーの生活費**です。

　厚生労働省が発表している令和4年度版厚生労働白書によると、現在の日本の平均寿命は男性が81歳、女性が87歳です。また、健康で生活ができる寿命である「健康寿命」は、男性が72歳、女性が75歳となっています。

　子どもが大学を卒業した年、つまり23年後のパートナーの年齢は49歳となっており、あとどれくらい平均的に生きることができるかを示す指標である平均余命は38歳。

　残り38年間の生活費は準備しておく必要があります。

　65歳からは年金なども受け取ることができますが、いくらもらえるのかは現時点では不透明です。そこで、この38年間の生活費は最低でも備えておく必要があります。

　ここでは、保険で備えておく生活費を10万円と設定し、38年分の保障を備えたとします。

　すると、10万円×12か月×38年＝**4560万円**となります。

　足りない分はパートをして稼いだり、節約をして家計を切り詰めたりして、何とかやりくりする必要はありますが、それでも、女性ひとりでも生活をすることは可能なラインではないでしょうか。

　これらをすべて足し合わせると、1億円ほどになります。

　あなたにいま万が一のことがあったとき、残された家族が必要な最低限のお金は、これだけ準備しておかなければならないのです。

　当然、もっと余裕のある生活をさせたい場合や、子どもの数が多い場合には、さらに多くの保障が必要となります。

　生活水準や持ち家の有無、通わせる学校が公立か私立かなどによって個々の事情は大きく変わりますが、ざっくりと試算をしてもこれだけ必要だということです。

あなたはいま、これだけの保障を取れているでしょうか？

　このお金が準備できている場合には何も心配はいりませんが、多くの人はそんなお金はないはずです。

　そのため、何かあったときのために備えておく必要があり、こんな金額は到底貯金で用意ができる金額でもありません。

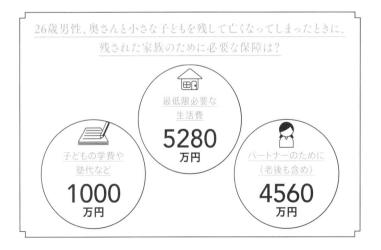

26歳男性、奥さんと小さな子どもを残して亡くなってしまったときに、残された家族のために必要な保障は？

最低限必要な
生活費
5280
万円

子どもの学費や
塾代など
1000
万円

パートナーのために
（老後も含め）
4560
万円

だからこその保険の活用です。

　生命保険（死亡保険）であれば、何かあったときにこのお金を準備することができてしまうのです。

　私も、双子の子どもが生まれて育児をしていくなかで、「これ、自分が死んだらヤバくない？」と突然怖くなり、夜中にこの計算をし、すぐに生命保険に加入しました。

　現在はトータルで2億円ほどの保障を取っており、何かあっても家族に2億円のお金が入るように備えています。

　たとえ自分に何かがあったとしても、せめて残された家族には幸せになってもらいたいから備えていることです。

　もちろんまだまだ元気に働き続けるつもりではありますが、家族のことを愛しているからこそ、考えて備えています。

生命保険は家族への愛のカタチ

　もし、あなたに守るべき存在がいるのであれば、とにかくお金は残してあげましょう。守るべき存在がいて、残すお金がないのに生命保険に入らないのは無責任です。

　医療保険は自分のために、死亡保険は家族のために。

　それぞれ、最低限でも入っておきましょう。

　生命保険は家族への愛のカタチです。あなたが家族のことを大事に思い、愛しているのであれば、それを「お金」というわかりやすいカタチで残してあげてください。

　まだ家族がいない方は、今後家族ができたときに、一度考えてみてください。

　生命保険についてしっかりと考えたことがなかったという方は、一度家族会議をして、パートナーの方とリスクや保障について話し合っておきましょう。

　そうやって家族の将来のことを話し合う時間は、家族の愛を深める時間にもなるので、いいコミュニケーションになることでしょう。

　ちなみに、いまはしっかりとした保障の保険に入っている私ですが、大金持ちになったら保険は解約します。保険とは本来、そういうものだからです。

　保険は、大きなお金を準備できない人のためのお守りのようなものです。いまの安心を買うために、生命保険をうまく活用してください。

講義メモ

26歳、妻子持ちであれば、最低1億円は保障を取っておく

報酬のためだけに仕事をしている 保険営業とは つき合ってはいけない

　私は、自分の生命保険を、石原さんと城戸さんという頼れるライフプランナーである2人にお任せをしています。

　妻にも「私に何かがあったら、石原さんと城戸さんに連絡をしてね」と伝えています。それくらい信頼して、任せているのです。

　そのため、この2人とは「生命保険の契約をしている」というよりも、**「自分の保険を預けている」** という感覚で関わっています。

　保険の営業の方の給与は、ほとんどが歩合制です。

　そのため、単純に契約をすればするほど給与が増えるので、お金のために仕事をしている人も多いです。

　ただ、優秀な営業であればあるほど、そのような仕事の仕方はしません。お客様（契約者）のことを考えた提案や営業をしてくれます。

　「とにかく保険を売り込む営業マン」は仕事のできない人であり、関わるべき人ではありません。

　基本的に保険は、長くおつき合いをするものです。だからこ

そ、「友だちだから」「勧められたから」ではなく、あなたのことをしっかりと考えてくれる営業と出会い、つき合うようにしましょう。

信頼できるお金の専門家に頼ろう

　最近はインターネットで自分で保険を見積もり、契約できてしまう時代です。

　しかし、それでは自分に必要な本当の保障を計算できなかったり、その保障に最適な保険がどれなのかを判断することができなかったりすることでしょう。

　そんなときに必要な存在が、お金や保険のプロフェッショナルです。優秀な保険の営業やファイナンシャルプランナー、起業家の方であれば顧問の税理士など、自分に合ったお金の専門家を見つけ、その人に頼るようにしましょう。

　そうして、**信頼できるお金の専門家に保険のことを任せ、預けておくことで、何かあったときのリスクに備えておくことができます。**そこでようやく本当の安心を手に入れることができるのです。

　本当の安心は、起こるかもしれないリスクに備えておくことで、もたらされます。

　お金のことしか考えていない営業ではなく、あなたのことを真剣に考えてくれる営業を頼り、あなたのリスクをカバーして

くれる保険を提案してもらいましょう。

　なお、そのように信頼できる優秀な人は、まわりの方から紹介をしてもらうのが一番です。
　あなたのまわりで、お金のことをしっかりと考えている方に、保険のことを誰にお任せしているのかを聞いてみましょう。
　そして、その人のことを尋ね、よさそうな人であれば紹介してもらってください。

　優秀な人は優秀な人の元に集まります。
　残念なことに、自分のことしか考えていない営業も多くいるので、そういう人に当たらないように、**いい人を、いい人から紹介してもらうようにしましょう。**

　また、生命保険は定期的に見直すようにしてください。
　あなたにまだ家族がいないなら、そこまで大きな保障は必要ありません。
　ただ、家族ができたら必要になり、家族が増えたら、さらに多くの保障が必要になります。私も子どもが生まれてから保障を増やしました。
　そうやって、あなたの**ライフスタイルや家族構成に合わせて、そのときに最適な保険に加入をしておきましょう。**

　さて、増やす前に守るということで、保険についてお伝えをしてきました。貯金と保険のことを抑えておけば、守りの部分はもう大丈夫です。

　そろそろ「お金を増やす」という攻めの部分をお伝えしていこうと思いますが、その前に私たちの生活とは切っても切れない「税金」についておさらいしておきましょう。

講義メモ

信頼できて優秀な保険のプロに任せる

キャッシュレスな世の中

　あなたはキャッシュレス派ですか？

　以前は私もキャッシュレスが怖かったのですが、慣れてしまうと圧倒的にラクで、コンビニなどで何かを買うときにはほぼキャッシュレス決済をしています。飲食店でも使えるお店が増えましたよね。

　キャッシュレスの波は、これからどんどん進んでいくことになるでしょう。

　電車やバスをICカードで乗車することはもはや当たり前になっています。最近は新幹線もICカードで乗車できてしまうので、本当に便利な世の中です。

　2023年4月からは、暗号通貨（仮想通貨）やデジタルマネーで給与振込みをすることも認められ、ATMすら必要なくなる世の中が来るかもしれません。

　実際にクレジットカードとデジタルマネーがあれば、おそらくATMに行くことなく生活することは可能なはずです。それくらい、キャッシュレスな世の中になっているのです。

　ただ問題点としては、デジタルという性質上、データ上で泥棒にあったときのリスクや、電子機器が壊れてしまったり充電

が切れてしまったりしたときに自分の決済機能までストップしてしまうということです。どうしても電子機器に依存をすることになってしまいます。

また、目に見えないからこそ、お金の管理能力がないと使いすぎてしまう人も多いです。その対策として、ある程度の予算を決めておくのもいいかもしれません。お小遣い制のようにするといいですね。

それでも、キャッシュレスな世の中になると、便利になることは間違いありません。小学校の算数で、お釣りを数えるという授業もなくなるかもしれませんね。

お金の未来は、これからどうなるのか？
そんなことを考えてみるのも、また面白いものです。

第 3 講

税　金

これだけは知っておいてほしい 基本の税金

　私たちの身のまわりにありながら、ほとんどの方が知らない「税金」について、お伝えをしていきます。

　国民が守るべき「日本国憲法」には「国民は納税の義務を負ふ」と書かれています。
　そのため**私たちは、生まれながらにして納税をする義務があります。**

　税金にはさまざまな種類があります。
　正直「そこにも課税をするの？」といったものまであり、税理士の私としても、驚くような税金がいくつもあります。

　税金は知っている・いないにかかわらず、その条件が揃った場合に自動的に発動がされ、課税がおこなわれます。
　だからこそ「知らない」ことは思わぬ出費につながり、大きなリスクとなるのです。

　また、税金のことを知り、考えることは、国の在り方や方向性とも向き合うことになるので、社会人としてとても大切なこ

とです。大人である以上、ある程度の簡単な税金の仕組みは知っておきましょう。

それでは、まず簡単に一般的な税金の種類をざっくりとお伝えしていきます。

一般的な税金の種類

【所得税／住民税】

これは個人の所得（稼ぎ）に対して課税される税金です。

このうち所得税は国に対して納めるものであり、住民税は住んでいる都道府県及び市町村に対して納めるものです。

会社員の方は、給与から自動的に所得税と住民税が天引きをされ、会社があなたの代わりに国に税金を納めてくれます。

個人事業主の方やフリーランスの方、副業をしている方などは、代わりにやってくれる人はいないので、自分で確定申告をしなければなりません。

課税される税率は15％から55％で、超過累進税率という方法によって、稼ぎが大きくなればなるほど高い税金が課税されるようになっています。

また、保育料などは住民税の金額をもとに計算がおこなわれます。

【法人税】

これは会社の利益（儲け）に対して課税される税金です。

あなたが勤めている会社も、あなたの取引先の会社も「会社」である以上、その儲けに対して税金を納めなければなりません。

利益が出ている会社はそれだけ納める税金が多くなるので、国と社会に貢献しているということでもあります。

【消費税】

これは、消費活動に対して課税される税金です。

こまかい話をするとそれだけで本1冊できてしまうのでしませんが、商品やサービスを購入する際に、お客様側である私たちが消費税をお店に納め、お店が代わりにまとめて国に納めてくれます。

たとえば、この本の消費税も、購入した書店が国にまとめて納税をしてくれています。

なお、消費税は税収のうち3割から4割を占めるので、国としても非常に大きな税収となっています。

【相続税】

これは、一定の財産を持っている方が亡くなったときに、財産を受け継いだ方たちに課税される税金です。

資産価値の高い場所に自宅を持っている方や現金をたくさん

貯金されている方、多額の保険に入っている方などが亡くなった場合には、相続税が発生する可能性があります。

　お金持ちだけの話と思われていますが、家族環境や資産状況などにより、それほど財産を持っていなくても対象となる場合があり、「お金がないのに相続税が発生して困る」というケースはよくあります。

　相続税の発生を機に、お金のことでもめて、家族や兄弟仲が悪くなるということもよくあるので、そうならないように事前に備えておきましょう。

　ほかにも「贈与税」「固定資産税」「自動車税」「印紙税」など、さまざまな税金が存在しています。

　このうち個人が負担する代表的な税金は「所得税」「住民税」「消費税」の3つです。

　これらは日々過ごしていくなかで納税をおこなっていることになります。おそらく、これを「納税している」という意識のもとで過ごしている方はほとんどいないでしょう。

　この**「知らないうちに納税がおこなわれている」という事実が、便利な社会の仕組みでもあり、怖い仕組みでもあります。お金や税金のことがわからなくても大丈夫なシステムになっているということですから。**

　たとえ、あなたが税金のことをまったく知らなかったとしても、納税は半自動的にしっかりとおこなわれていくのです。

　税金の仕組みは毎年変わります。

だからこそ、その改正が国民のあなたにとって、いいものか、悪いものかを理解しておけるように、税金のことを知っておきましょう。

　そうすることで、思わぬ税金で頭を悩ませたり、真っ当な税金対策や節税ができたりと、税金で損をすることを防ぐことができるでしょう。

講義メモ

税金のことを知らないと、思わぬところで損をすることもある

> # 競馬の当選金には税金がかかるが、宝くじの当選金には税金がかからない

　税金の基本的なスタンスとしては「**増えたお金には税金がかかる**」です。

　たとえば給与を稼いだから課税、事業で儲けが出たから課税、不動産を買ったから課税（不動産取得税）というものです。

　そのため、**お金が増えたタイミングでは課税の心配がないかを確認する必要があります。**

　有名なものだと、競馬の当選金は課税対象です。

　馬券を買って、それで100万円になりましたという場合には、その100万円に対して課税がされます。丸々 100万円を使えるわけではないということです。

　ほかにも、家を建てるときに親からお金の援助をしてもらったとします。これも税金の対象です。この場合には贈与税が発生します。

　ただ、なんでもかんでも課税されるわけではありません。

　先ほどの建築資金の場合には、正式な手続きを踏み、一定金額までであれば、その贈与税は取らないという制度があったり、あまりに大きい金額でなければ、お年玉をもらっても課税はさ

れなかったりと、**社会的に課税をすることがそぐわないものには課税がされないようになっています。**

　入院したときの保険金も個人がもらう場合は非課税であったり、会社から支給される交通費も非課税であったりと、税金が課せられないものもたくさんあります。
　ちなみに、宝くじも非課税です。1億円当選しても課税されることはありません。

モノをもらった場合も、税金がかかることもある

　しかし、基本的には「課税される」と考えておいたほうが無難です。

　そして、それはお金だけでなく、モノも同様です。
　車や不動産などのモノをもらった場合にも、それは「お金」と同様と見るため、時価で課税されます。
　自宅を売却したあとに、すぐにそのお金で新しい家を買ったとしても、一度お金が入っている以上、その自宅の売却代金に対して税金が課せられます（一定の優遇措置あり）。
　お金があるかどうか、ではなく、お金や財産を得たことに対して、課税はおこなわれるのです。

　税金は法律のもとで決められているルールです。
　そのため、「国としては知っていて当たり前」というスタン

スで課税をおこなっていきます。

信号を赤で渡ったらダメなように、課税される税金は納めなければならないのです。「知りませんでした」では済みません。

専門的な知識は税理士などに頼るか、税務署で役人に聞くかでいいかとは思いますが、何かあったときに困らないように「お金が増えたら納税があるかも？」というアンテナは張っておきましょう。

そういったリスク管理は、お金を失わないためにも大切な考え方です。

あなたは普段どれだけ税金のアンテナを張れているでしょうか？　アンテナを張れる自分でいるためにも、税金の基礎知識を身につけておきましょう。

講義メモ

基本は「増えたお金には税金がかかる」と思っておく

じつは、日本の消費税は世界でもかなり安いほう

　本書を執筆中の2023年現在、日本の消費税の税率は10％です。
　消費税がはじまったのは平成元年のこと。当時の消費税率は3％でした。そこから平成9年に5％、平成26年に8％と増えていき、令和元年から10％となりました。

　消費税の最大の特徴は、大富豪も赤ちゃんも同じ消費税率であるという点です。つまり、**ある意味「公平」な税であるとも言えます。**
　たとえば所得税の場合、所得がある人はそれだけ納める税金が多くなります。法人税の場合には、会社は出た利益に応じて、税金を納めなければなりません。

　一方、消費税は、その人の所得にかかわらず、誰でも同じ10％の税率で納めなければなりません。
　コンビニで440円の漫画を買うときには、経営者であっても、小学生であっても、主婦であっても、同じ10％の44円の消費税を納め、484円を支払う必要があります。
　このように広く公平に課税するというのが、消費税独自の考え方です。

　そのため、**増税がおこなわれる際には、国民に大きな影響を及ぼします。**

　所得税や法人税を増税すると言われてもピンと来ないかもしれませんが、消費税を増税すると言われると「なんで？」「やめてほしい」と思う人も多いはずです。

　それくらい身近な税金であり、生活に直接的に影響のある税金なのです。

　選挙の際には、多くの政治家が「消費税を減税します！」というマニフェストを掲げます。これは、そうすることで国民にとって、その効果がわかりやすいからでしょう。

　おそらく、それが「印紙税を減税します！」では、（目立つかもしれませんが）国民の心を動かすマニフェストにはならないでしょう。

消費税の世界平均は約20％

　そんな消費税ですが、あなたは高いと思いますか？　それとも安いと思いますか？

　じつは、日本の消費税は世界と比べると、だいぶ安いほうです。税率で考えると、低いほうに当たるのです。

　世界平均の消費税率は、「20％」ほどです。

　海外では付加価値税と呼ばれる消費税は、ヨーロッパを中心

に20%程度が平均値となっています。

　そのうち世界でもっとも消費税率が高い国は、ハンガリーの「27%」です。

　ランチで1000円の食事をしたら会計が1270円と考えると、とてつもなく高い消費税です。

　ただその分、ハンガリーは社会保障が充実しており、病院での診察代が無料だったり、学費が無料だったりします。そう考えると消費税が高いのも悪くはないかもしれません。

　また、「世界一幸せな国」と言われるフィンランドでは、18歳未満の医療費が無料であり、小学校から大学まで学費も無料です。

　社会保障に特化した国づくりをしています。

　では、その財源はというと、当然税金です。そのため、フィンランドの消費税は「24%」と世界的にもトップクラスです。ほかにも住民税が日本の倍近くあるなど、非常に重い税金を負担しなければなりません。

　しかし、それでも国民の幸福度は高いのです。

　国民性もあるかもしれませんが、税金の使い道が明確であるからこそ、納得の納税なのかもしれませんね。

　このように、社会保障を充実させるためには消費税の増税がもっとも手っ取り早く、日本も将来的にはヨーロッパ諸国を見習って、20%まで上がるのではないかと言われています。

消費税がいまのままで、それなりの社会保障か。
それとも、消費税が倍になり、手厚い社会保障か。

あなたは、どちらの国で過ごしたいですか？

講義メモ

世界一幸せな国フィンランドは、消費税が24％

主な国の2023年現在の消費税率

27%	ハンガリー
25%	スウェーデン、ノルウェー、デンマーク、クロアチア
24%	ギリシャ、フィンランド
⋮	⋮
10%	日本、韓国、ベトナム、インドネシア、カンボジア、オーストラリア
⋮	⋮
5%	台湾、カナダ

給与明細、ちゃんと見てますよね？

　あなたは会社から毎月受け取っている「給与明細」に目を通していますか？　まさか、一度も見たことがないという人はいないですよね？

　「通帳に入ってくるお金はいつも把握しているので、給与明細は見なくても大丈夫です」という主張もあるかもしれません。

　しかし、**自分自身がいくら稼いでいて、何にいくらの税金を納めているのかを把握しておくことは、お金の学びを深めるためにも、あなた自身の仕事の質を上げるためにも、使えるお金を増やすためにも、大切なことです。**

　だからこそ、給与明細に興味を持ち、給与明細を読める人になりましょう。

　給与明細には、さまざまなことが記載されています。

　稼いだ収入、納めている所得税や住民税、社会保険料、会社独自の福利厚生など、あなたの働きと納税のすべてが載っていると言ってもいいくらいです。

　収入の項目がこまかく分けられている場合には、残業手当や資格手当、家族手当、役職手当、業績手当など、さまざまな手

当がついているかもしれません。

　そのような項目を見ていくことで、自分の働きがどのように評価されているのか、残業をすることによる時給はどれくらいなのか、なども知ることができます。

　会社にとっても、給与は従業員に対する評価を数値で表したものです。

　「給与が安くて」「給与が上がらなくて」というグチを言う前に、まず自分の給与は何を評価されて、そして何のお金なのかを知ることからはじめていきましょう。

　すると、案外適正な評価だったり、むしろ過大評価をしてもらっていて高めの給与をもらっていたりする方もいることでしょう。そういうのは社長や人事からの期待の表れであることも多いので、意気に感じてしっかりと働くようにしましょう。

給与明細のチェック項目

　それでは簡単に給与明細の読み方をお伝えしていきます。

　収入部分は、そのままの通りで、収入の合計を表す「総支給額」というものが「月収」となります。

　この月収の12か月分と賞与の総支給額を合わせたものが、あなたの年収となります。

　次に、給与の場合には会社が「所得税」の天引きをおこない

ます。これを源泉徴収<ruby>源泉徴収<rt>げんせんちょうしゅう</rt></ruby>といい、少し多めに天引きした所得税を年末調整のときに調整をし、1年間を通じて適正な額の天引きをします。そして、天引きした所得税を会社がまとめて国に納付してくれます。

そのため「所得税」の欄に記載されている金額が、あなたがその月に納めている所得税です。

これは給与の金額や扶養をしている家族構成などによって変わります。アルバイトや学生の方などで給与の金額が少額の方であれば、この所得税が天引きされないこともあります。

次に、住民税です。

住民税も控除の仕組みは同じで「特別徴収」と呼ばれる方法により、毎月給与から天引きされます。

住民税の金額は、前年の所得をもとに決定がされるため、納める金額は確定額です。去年の収入が多い方は納める住民税の額も増えます。新卒の新入社員の方は、1年目は住民税の納付がありません。2年目以降から納付が発生するので、その分、給与が同じだったとしても、手取りが減ってしまいます。

次に、社会保険料です。

これは、あなたが勤めている会社が「社会保険」に加入しているかどうかで異なります。

加入している場合には社会保険料の天引きがおこなわれ、加入していない場合には雇用保険料のみが控除されます。

この社会保険料の金額が意外と高く、控除される金額はだいたい月収の15%ほどです。

　ただ、社会保険に加入していない場合には、自分で国民健康保険料と国民年金保険料を納めることになるので、社会保険の加入の有無にかかわらず、どちらにしても社会保険料は納める必要があります。

　なお、社会保険料は会社が半分、その金額を負担してくれています。会社は支払う給与以上に従業員のお金を負担してくれているので、社会保険に加入している会社は福利厚生が手厚いと言えるのです。

最後に、差引支給額です。

　これは手取り額のことです。実際に通帳に振り込まれる金額です。「月収や年収がいくらか？」ということよりも、「手取り額がいくらか」のほうが生活するうえでは重要です。

　もし同じ収入のままで、手取り額を増やしたい場合には、賢く節税をするしかありません。

給与明細は、しっかり見よう！

給与明細

所属氏名	所属	社員番号		氏名 すばる太郎様				2023年3月分	

勤怠	出勤 20	休出	特休	有休 0	欠勤	有休残	出勤時間	遅早時間	時間外	休日出勤	

支給	基本給 200,000	時間外 62,500	休日出勤	深夜			出張時交通費	勤怠控除	非課税通勤費 24,000

控除	健康保険 8,200	介護保険	厚生年金 14,496	雇用保険 1,575	社会保険合計 24,271	課税対象額 288,229	所得税 3,500	住民税 7,000
				総支給額 286,500	控除合計額 34,771	差引支給額 251,729	現金支給額	銀行振込額 251,729

このほかにも、その会社独自の手当や控除などがあり、給与明細には、あなたへの仕事の評価や会社のスタンス、納税によるあなたの国への貢献度などが載っています。

　だからこそ、**給与明細を見る習慣をつけ、仕事のことやお金のことを振り返る時間にしていきましょう。**

　まずは給与明細を毎月見ることからはじめてみてください。そして余裕が出てきたら、毎月の給与明細を保管し、年間ベースで分析や管理をしてみましょう。そのちょっとしたひと手間で、お金と向き合う習慣ができていくことでしょう。

講義メモ

給与明細には、あなたの働きと納税のすべてが載っている

会社員でも「iDeCo」で手軽に節税できる

税金の勉強をする人へのプレゼント。それが「節税」です。

「脱税」はルールを逸脱して税金を納めないことなので刑事罰となりますが、「節税」はルールのなかで正しく税金を抑えることです。合法であり、税の知識を身につけたからこそ得をすることでもあります。

せっかくお金や税金のことを学んでいるのだから、賢く節税をして、得をしましょう。

オススメな節税方法が「将来の年金を自分で積み立てる」というものです。

年金制度のなかで、私たちは社会保険や国民年金により将来の年金を積み立てています。

ただ、少子高齢化社会により、この仕組み自体が揺るぎはじめており、現在20代の方が将来どれだけの年金をもらえるのかは正直予想がつきません。

そこで、年金の積み立てを自分でおこないながら、節税までできてしまうもの。

それが「iDeCo」の活用です。

国もオススメしている日本生まれの制度です。

iDeCoは簡単にまとめると、「将来の年金の積み立てを自分でおこない、そのお金で運用をして、将来年金として受け取れる」という制度です。

通常もらえる年金とは別枠の年金を自分で積み立てておこうというもので、「年金用の貯金」と捉えるとわかりやすいかもしれません。

社会保険や国民年金が強制加入なのに対し、iDeCoは任意加入です。そのため、入りたい人が自分の意思で加入することになります。

2001年に日本で生まれたiDeCoは、元々の発祥がアメリカの「401K」という制度です。これを日本版としてアレンジしたものになります。

ちなみに、iDeCoの正式名称は「個人型確定拠出年金」といい、iDeCoという名称は一般応募のなかから、ある30代女性の会社員の方の案が採用されたものです。

当初の個人型確定拠出年金という堅いイメージから、iDeCoという名称になって親しみやすくはなりましたが、NISAと混同してしまう人も多く、まだまだ世間にはなじんでいない印象です。

iDeCoの3つのメリット

では、なぜiDeCoが節税になるのかというと、国が運営して

いるだけあって、税の優遇が大きいからです。

iDeCoのメリットは、3つです。

「掛金に応じて毎年の税金が安くなる」
「運用益に税金がかからない」
「受け取り時の税金も軽い」

たとえば月1万円をiDeCoで積み立てた場合、その人の年収によって上振れはあるものの、税金を納めている方であれば最低でも年間で2万円ほど所得税と住民税が節税となります。

1万円をただ貯金していただけでは、この2万円の納税が発生し、その分、手取りが少なくなります。そう考えると得です。

しかもそれが毎年ですから、長く続ければ続けるほど、その節税効果は上がります。

ただ当然リスクもあり、年金を積み立てる制度なので、原則として途中解約はなしです。60歳までは解約をすることができません。

そのため、ライフプランなどを考えずに、ただ節税目的だけでiDeCoを活用してしまうと、お金に困ってしまうこともあります。

また、節税はできたとしても、運用できる投資商品に限りがあるので、運用を目的とする場合に、節税効果が運用効果を下まわる可能性もあります。

しかし、それはバランスです。

貯金なのか、投資なのか、節税なのか、その用途に応じて、賢く積み立てを配分していきましょう。

　iDeCoは会社員でもできる数少ない節税のひとつです。
　高所得者の場合には節税効果も高くなってくるので、あなた自身やあなたのパートナーの方が高所得者という場合には、少ない金額からでもはじめておく価値は大きいです。
　使えるお金を賢く増やしていくためにも、手軽にできる節税に少額からでもチャレンジしてみましょう。

　なお、iDeCoのはじめ方としては、証券会社での口座開設がオススメです。口座管理料が発生したり、信託報酬にも差があったりするので、そういうランニングコストも踏まえたうえでの検討が必要となりますが、証券会社であればそのあたりが手軽なので、はじめやすく、お得です。

　私のオススメとしては、SBI証券の「eMAXIS Slim 米国株式（S&P500）」です。運用コストもそれほど高くなく、長期投資にも適していることから、年金の積み立てという目的で20代からiDeCoをするのであれば、個人的にはベストな商品です。

 講義メモ

iDeCoは税の優遇が大きいので、少額からでも試す価値アリ

ふるさと納税には、いまのところデメリットがない

　第3講の最後に、節税ではないものの「使えるお金を増やす」ことができる制度である「ふるさと納税」をお伝えしていきます。

　あなたはふるさと納税をしていますか？
　最近、テレビCMなどでも広告されているため、名前くらいは聞いたことがある方も多いのではないでしょうか？

　ふるさと納税には正直、デメリットがありません。
　毎年限度額があることを考えると、早くはじめればはじめるほど得をします。まだやっていない方は、いまからはじめてみましょう。
　勘違いをしている人がとても多いのですが、ふるさと納税は「節税」ではありません。知識のないエセお金の専門家は、ふるさと納税のことを節税だと言っている人も多いですが、まったく節税にはなりません。
　しかし、ふるさと納税は、あなたの家計を助けてくれて、結果として手取りも増えます。やらないともったいないくらい、いいものです。

住民税を払えばお礼がもらえる素敵な制度

ふるさと納税の仕組みとしてカギになるのが「住民税」です。

私たちは住民税を、いま住んでいる住所の都道府県と市町村に納税をします。

ただ当然ですが、住民税の納税をしたからといって、何か自治体からお礼がされることはありません。

そんななか、**ふるさと納税は自分が指定をした自治体に住民税を納付する制度です。これをおこなうと、その自治体からお礼として「返礼品」が届きます。**

お肉やお米、スイーツなどの食料品から、筆箱や旅行券などの変わったものまで、その自治体独自のモノを受け取ることができます。

ふるさと納税をしなければ、ただ住民税を納付するだけのところが、ふるさと納税をすることで、モノをもらうことができるので、その分、家計費を抑えることができるのです。

たとえば返礼品でお米を選んだ場合には、そのお米の分の食費が減るはずです。

すると、毎月の給与額は変わらなかったとしても、その食費分のお金が浮きます。これにより、自由に使えるお金を増やすことができるのです。

どうですか？　**納税をするだけでモノがもらえるなんて、魅**

力的ですよね。それも本来納めるべき税金で、です。

　その自治体に納めるというひと手間はあるかもしれませんが、自分が納めた税金で何かがもらえると思うと、そのひと手間は楽しくできそうですよね。

　注意点としては、年収に応じてふるさと納税することができる金額に限度額があるということです。

　これは、年収が高ければ高いほど増やせます。

　高額納税者は100万円単位でふるさと納税をすることもでき、仕事をがんばっている人の特権と言ってもいいかもしれません。

　ふるさと納税のはじめ方としては、まずはインターネットで「ふるさと納税」と検索をし、「さとふる」「ふるさとチョイス」などの出てきたプラットフォームではじめてみてOKです。プラットフォームでの差はそれほどないので、なんとなく好きなところで問題ありません。

　なお、どこにふるさと納税をしたらいいかわからない人は、まずはあなたの故郷や旅行で行って魅力的だった地域におこなってみましょう。金額も3000円くらいからはじめられるので、まずはやってみることが大切です。

　また、**会社員の方は、その申請の際に「ワンストップ特例制度を利用する」という項目にチェックを入れ、同制度を活用すると、確定申告などのその後の面倒な手続きをすることなく、ふるさと納税をおこなうことができます。**

まずはやってみて、モノが届く楽しみを実感することから体験してみましょう。一度はじめると、ハマってしまうかもしれませんよ。

　さて、税金のことを簡単にお伝えしたところで、次の講義として、20代のときからはじめておけばその効果を最大に受け取ることができる「投資」について、お伝えをしていきます。

　こまかい話や専門的な話は別の投資の専門書にお任せするとして、本書では最低限知っておきたい投資の基本を学んでいきましょう。

講義メモ

ふるさと納税、最強

第 4 講

投 資

「投機」ではなく、「投資」をしよう

「投資」と聞くと、多くの人が「怖い」というイメージを持つのではないのでしょうか？　私も昔はそうでした。

投資にも、いろいろな種類があります。

株式投資、不動産投資、FX投資――。多額のお金が必要なものもあれば、少額ではじめられるものもあります。

残念ながら、詐欺のようなものも世に出まわっています。

その影響で「投資＝怖い」「投資＝よくないもの」といったイメージが多いですが、実際には正しく学び、真剣に向き合えば悪いものではありません。

よくないイメージのほとんどは、「投資」ではなく「投機」だからです。

「投機」とは、いわゆるギャンブルのことです。

「この株を買っておいたら、来年には2倍にお金が増えるよ」

こんな誘い文句で投資をして、騙されてしまう人がいますが、これは投資ではなく投機です。

知識もなく簡単に手を出してうまくいくほど、投資の世界は

あまいものではありません。

　投資で生計を立てている人は、皆学び、知識を身につけたうえで仕事として取り組んでいます。片手間や無知識でやっているわけではないのです。

　そんなプロたちと同じフィールドで戦うわけなので、知識がない人がやってうまくいくわけがないのです。

投資は、決してギャンブルではない

　投機ではなく、投資をするようにしましょう。

　リスクを考えたうえで、しっかりと学び、自分のなかで納得して投資をおこなうのであれば、投資はいいものです。

　誰かに言われた通りにおこなったり、誰かに任せっきりでおこなったりする投資は、投機に近いです。パチンコやスロットで勝つことを祈っている状態と何ら変わりません。

　それでいいのであればご自身の勝手ですが、せっかく稼いだ大切なお金をギャンブル性の高いものに突っ込むのは、あまり好ましいことではないのではないでしょうか。

　ちなみに私はギャンブルや投機は一切やりません。自分でコントロールできないことに何かを委ねるということが嫌いだからです。**運だけに任せるという確率の低い行動が嫌いなので、投機関係はやらない**ようにしています。

　それに対して、投資はオススメです。

預金通帳に預けていてもお金が増えない時代において、投資によって資産を運用しておくことは賢い選択です。

　最近は国も国民の投資をあと押ししているので、社会全体として投資が勧められています。

　そんななか、**いまから投資をはじめようという方がはじめやすい投資が「投資信託」による運用です。**

　投資信託とは、多くの人（投資家）から集めたお金を資産運用の専門家が株式などに投資・運用をし、その損益を配分するものを言います。

　簡単にたとえると、学校などのクラスで、クラス全員から500円を集め、その集まったお金を学級委員長が代表をして投資や運用をし、その成果をまたクラスメイトに還元をするというものです。

　そのため、**もちろん損をすることもあります。**

　このたとえの場合であれば、学級委員長が微妙な運用をしてしまったり、世界経済の変化から想定していないことが起きてしまったりなどで、クラスメイトから集めたお金を減らしてしまうことがあるということです。

　その場合には、出した500円が400円になって返ってきてしまうことがあり得ます。

　ただ、**その分、その500円が800円になることもあり、これ**が投資の醍醐味でもあります。

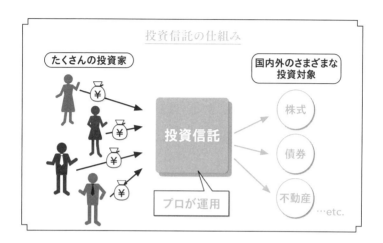

ひと昔前はこういうことができるのはお金持ちの特権でした。
なぜなら、その人たちしか情報を得ることができなかったから
です。

しかし、いまはインターネットやSNSの進歩により、ネット
環境さえあれば誰でもどこでも情報を得ることができてしまい
ます。

そんな時代だからこそ、自分で情報を仕入れて、自分で考え
て投資をすることができるようになったのです。

できる人とできない人とでは、どんどんと差が広がっていく
ことにもなります。あなたは得をする人になるために、投資に
ついて学び、前向きに取り組んでいきましょう。

講義メモ

ゼロから投資をはじめるなら、投資信託から

まずは投資信託に、
月1万円ずつからでOK

　投資と聞くと、一般的には株式を売り買いするというイメージがあるかもしれませんが、それは短期の株式投資のことを指します。

　それに対して投資信託は、基本的に長期的な運用です。

　10年以上の長い目で見て投資をすることで、じんわりと運用益を出していく方法です。

　そのため、出したお金が減るという元本割れのリスクは短期売買よりも少なく、その分、返ってくるお金のリターンも短期売買よりは少ないです。

　今日投資したお金が来年には2倍になっているということは、投資信託による投資においては基本的にあり得ません。そういうものではないのです。

　短期売買により継続的な利益を出すためには、大きなお金を動かすか、プロ以上の知識を身につけるしか方法がありません。

　当然そういう道を目指すのも悪くはないですが、それは投資が大好きな人しか足を踏み入れることができないでしょう。

　もし、**あなたにそこまでの情熱がないのであれば、短期売買による株式投資をするのはやめておきましょう。**勝つ確率が限

りなく低いですから。

　それであれば長期的にじっくりと運用をする投資信託での投資をおこない、将来に向けた貯金と積み立てを、お金を増やしながら賢くおこなっていきましょう。

　この恩恵を最大限に受けられるのは「若さ」という武器を差し出せるからです。

　長期投資は若いうちからはじめることができれば、高い確率でお金を増やしていくことができます。時間を投資にまわすことができるのは、若さゆえの特権なのです。

　たとえば投資初心者にもっともオススメで、多くの人がおこなっている方法としては、**貯金代わりに、毎月1万円ずつを投資信託に預け入れ、アメリカの主要株式で運用する**というものがあります。

　アメリカの主要株式とは、主にＳ＆Ｐ500のことを指します。これはアメリカで上場している会社の代表的な500銘柄から平均的な株価を出したもので、アメリカ経済と連動すると言われています。

　AppleやAmazonなどの世界的企業が名を連ねており、それらの会社が成長をすればするほど、株価は上がっていくことになります。

　つまり、アメリカの経済が下火にならない限り、理論上株価は上がり続けることになり、中長期的に保有をしておくと、運用益が出やすくなります。

S&P 500　パフォーマンスの推移(1990年1月〜2022年8月)

1990年1月末＝100として指数化

ただ、あくまで「理論上」です。

未来はどうなるかわからないうえに、投資なので、確定はできません。ですが、投資というリスクを取るうえでは、比較的リスクの低い投資先であると言えます。

投資初心者は、中長期的な目線で

さらにリスクを下げるためには、さまざまなものに投資をおこない、ポートフォリオを組むこともオススメです。ポートフォリオとは組み合わせのことを言います。

リスクの高いものと低いものを組み合わせたりして、その銘柄の投資先に対する依存をなくすことができます。

投資に慣れてきたら、バランスよくポートフォリオを組むことで、リスクを分散させていきましょう。

　当然、投資の知識に詳しくなれば、個別に特定の企業に投資をしたり、攻めた銘柄に投資をしたりすることも可能です。

　もし、あなたがそこまで投資に興味があるのであれば、勉強をして、自分がいいと思うものに投資をしていきましょう。

　本書は、あくまで「投資初心者」や「これから投資をはじめる人」「とりあえず運用をしておきたい」という人向けにお伝えをしています。

　私も投資の深い勉強をするよりも、自分の仕事を極めてお客様に価値を提供したいと思っているので、この米国株長期投資をとりあえずおこなっています。

　また、経済成長は中長期的に緩やかにおこなわれます。だからこその中長期的な投資が必要になっていきます。

　この選択を取れるのも、10年後も20年後も元気に働ける自分だからです。

　現在30歳の人と60歳の人とでは、お金を投資にまわせる「期間」が異なります。極端な例でいくと、30歳の人は50年間投資し続けられるかもしれませんが、60歳の人はいまの平均寿命から考えると、50年間は投資し続けられません。

　いまの生活が困るくらいまで投資をする必要はありませんが、「計画性貯金」に充てている貯金は、銀行預金ではなく投資でお金を運用させながら、貯めていきましょう。

　そうして預け先を変えておくだけで、10年後や20年後に、あなたの手元に残るお金は何倍も変わることがあるくらいです。

利回り6％の運用であれば、20年間投資を続けていけば、20年後には、その積み立てたお金はおよそ2倍になります。

　利回り（投資信託における利率のようなもの）が平均よりも高すぎるものは、それだけリスクが高いのでオススメしませんが、平均くらいのものであればそれほどリスクも高くありません。

　ほかにも具体的にご紹介すると、私は会社員のころに**セゾン投信の「セゾン・グローバルバランスファンド」**で投資信託での積み立てをはじめました。

　月1万円の積み立てからはじめましたが、やってみて大成功。数年経ったいま、しっかりと増えており、投資に対する怖さもなくなりました。

　難しいことを考える必要はありません。**投資信託によってお金が減るリスクよりも、投資信託をしないことによる「お金が増えない」という機会損失のほうがもったいない**です。

　それでもまだ怖いという方は、楽天カードを利用したときについてくる楽天ポイントでのポイント投資もオススメです。それはローリスクではなく、ゼロリスクですから。

講義メモ

「計画性貯金」に充てている貯金は、
銀行預金ではなく投資で運用する

「複利」という最強の仕組みがあるから、 1日でも早く投資をしておいたほうがいい

「若いうちから投資をやっておいたほうがいい」ということについて、もう少し説明します。

これには「**複利**」という仕組みが大きく関係しています。

有名な科学者であり、歴史的な天才アインシュタイン博士はこのような言葉を残しています。

「複利は人類による最大の発明だ」

また、このあとにこのような言葉も残しています。

「知っている人は複利で稼ぎ、知らない人は利息を払う」

それくらい、天才の目から見ても複利というのはすばらしい仕組みであると言えるのです。

複利とは、利息の計算方法のひとつです。

預けたお金（元金）から生まれた利息を、さらに元金に組み入れ、その増えた元金に対して、また利息を計算していく方法です。

そのため、長く預け入れれば預け入れるほど、その利息は大きくなっていきます。

　これが投資信託の場合には、投資した元手のお金をもとに運用益が出ていき、その増えた運用益がまたその元手と合わさり、さらにその元手に対して運用益が生まれていきます。

　毎月1万円を投資信託で運用したとします。

　このとき利回りが平均して3％だったとして、お金が増えていったとしましょう（利回りは常に変化をするので「平均」という表現をしています）。

　すると複利の場合には、このようにお金が増えていきます（金融庁の「資産運用シミュレーション」にて試算）。

　1年目：12万円＋運用益0.2万円＝積立額12.2万円

　2年目：24万円＋運用益0.7万円＝積立額24.7万円

　3年目：36万円＋運用益1.6万円＝積立額37.6万円

　4年目：48万円＋運用益2.9万円＝積立額50.9万円

　5年目：60万円＋運用益4.6万円＝積立額64.6万円

　6年目：72万円＋運用益6.8万円＝積立額78.8万円

　7年目：84万円＋運用益9.3万円＝積立額93.3万円

　8年目：96万円＋運用益12.3万円＝積立額108.3万円

　9年目：108万円＋運用益15.8万円＝積立額123.8万円

　10年目：120万円＋運用益19.7万円＝積立額139.7万円

　毎月1万円しか積み立てていないにもかかわらず、最後の10年目にはおよそ140万円が積み立っているとして運用がおこな

われていきます。運用益部分も運用の対象として、どんどんと増えていくのです。

　これが複利のすごいところです。毎月同じ金額を投資しているだけで、運用される部分の元手が増えていき、その分、運用益も増えていくのです。

「どのくらいの期間でお金が倍になるか」を知る方法

　なお、この複利を活用して「いくらの利率でどれくらいの期間を積み立てればお金が倍になるのか？」を簡単に試算する方法があります。それが「**126の法則**」と呼ばれるものです。

　たとえば先ほどの例でいくと、平均利回りが3％の場合、126÷3で「42」という数字が出ます。

　この42とは、「**平均利回りが3％のときに42年間積み立てると、その金額は倍になりますよ**」ということを示しています。

　これが6％であれば、21年になり、もし平均利回り6％の投資信託で積み立てをおこなった場合には、21年で積み立てていたお金は倍になります。

　月1万円の場合、21年間で積み立てる金額は合計252万円ですが、投資信託により増えたお金はこの想定でいくと503万円となり、ほぼ2倍になりました（同シミュレーションで試算）。

　こんなふうに言うと、いい話すぎて危なく聞こえるかもしれません。たしかにこの通りに10年後や20年後まで、この利回

りが3％や6％で続く保証は誰もできません。

　ただ、**過去はこの数字以上で成長をしたという実績があること**や、**世界経済がそんなに大崩れしないのではないかという見立てが多いことから、ある程度堅実な数字**とは言われています。

　あくまで投資は自己責任です。でも、積み立てておくだけで増える可能性があるのであれば、いまからはじめておいてもいいのではないでしょうか？

　複利はとにかく時間がカギになります。多くの時間を投下するためにも、1日でも早くはじめていきましょう。

講義メモ

利回り6％で運用すれば、21年間でお金が倍に増える

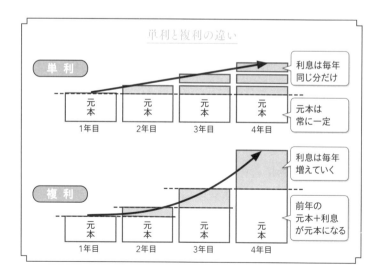

単利と複利の違い

単利

利息は毎年
同じ分だけ

| 元本 | 元本 | 元本 | 元本 |
| 1年目 | 2年目 | 3年目 | 4年目 |

元本は
常に一定

複利

利息は毎年
増えていく

| 元本 | 元本 | 元本 | 元本 |
| 1年目 | 2年目 | 3年目 | 4年目 |

前年の
元本＋利息
が元本になる

「NISA」は国からの
プレゼントのようなもの

「そうは言っても投資はまだまだ怖い」という方のために、いま日本では国民が投資をはじめやすくするために、ある制度が充実しています。

それが「NISA」です。
正式名称を「少額投資非課税制度」と言います。

CMや銀行、ネットなどで見たことがある人も多いのではないでしょうか？

NISAは毎年と言っていいほど頻繁に制度が変わるので、こまかい説明は本書では省きますが、何かとお伝えすると「**NISAではじめた投資の運用益には税金を取らないよ**」という嬉しい制度です。

通常、投資による運用益には税金がかかります。
現在の税制だと、運用益に対する所得税及び住民税が20％（復興特別所得税を考慮すると20.315％）**の税率で課税されます。**つまり、稼いだ運用益の5分の1は税金で取られてしまうのです。

仕方がないことではありますが、なかなか痛い税金ですよね。

　しかし、NISAを使えば、この税金を課されずに済むのです。国が「この部分の税金は取らないから投資をはじめてね」と言ってくれているプレゼントのような制度なのです。
　そのため、投資をはじめるときには、とりあえずこのNISAを使わないともったいないです。

　ただ、当然デメリットもあります。
　名前に「少額投資」とついている通り、決められた金額までの投資しかできません。
　さらには、金融庁が認めた銘柄のみの投資信託だけにしか投資することができないため、知識をつけた方や投資中級者以上の方にとっては物足りない制度でもあります。

　ほかにも、運用損が出たときに税制の優遇が受けられなかったりもするので、メリットだけの制度ではありません。

　それでも、20％の納税をすることなく投資をすることができるので、これからはじめる人や片手間で投資をはじめたい人にとっては活用すべき制度です。

　私も投資信託での長期投資をはじめた20代前半のときには、NISAではじめました。いまでもNISAで運用しているものはそのまま運用を続けていて、その運用をひっそりと見守っています。運用益に納税がないのはやっぱり大きいですよね。

　せっかくの国からのプレゼント制度なので、ぜひ積極的に活用していきましょう。

500円貯金をはじめるような感覚で、少額でも試してみよう

　具体的な活用方法としては、**まずはNISAで投資をはじめ、投資のやり方がわかってきたり、さらに興味が出てきたりしたときには、NISA以外で投資額を増やしていく**という方法がいいかもしれません。

　言ってみれば、NISAとはあるひとつの財布のようなものです。**堅実に運用をするNISAの財布**と、**積極的に運用をするNISA以外の財布の2つの財布**で、それぞれに合った運用をしていきましょう。

　NISAがはじまったのは2014年なので、まだまだはじまったばかりの制度です。投資の効果があるかないかは置いておいて、数百円からでもはじめられます。NISA口座の開設もインターネットでできるなど、とても簡単です。

　NISAをはじめても投資する元手以外にお金がかかることはないので、まずは気軽にはじめてみましょう。

　さらに、2024年1月からは「新NISA」という制度が新たにはじまったことで、よりやりやすくなります。

　新NISAでは「つみたて投資枠」と「成長投資枠」の2種類

があり、まずはリスクの低い「つみたて投資枠」からはじめる
のがオススメです。

　まだNISA口座をお持ちでない方は、投資信託をはじめると
きに、「NISAを申し込むかどうか？」を聞かれるので、とりあ
えず申し込みをして、NISA口座での積み立てをしていきまし
ょう。

　もしかすると今後、世間に投資が浸透したら、NISA制度も
突然終わり、新たにはじめられなくなるかもしれません。
　「あのときやっておけばよかった」と思わなくて済むように、
500円貯金をはじめるくらい気軽な気持ちではじめておいて、
小さな投資生活を楽しんでいきましょう。

　現代において、長期投資・少額投資は新たなお金の「常識」
です。銀行預金での貯金だけという常識外な行動を取らないよ
うに、余剰資金や計画性貯金用の貯金ではじめていってくださ
いね。

講義メモ

NISAで出た利益には、税金がかからない

「不動産投資で不労所得」は、あまくない

　投資の講義の最後に、あこがれている人も多い「不動産投資」について触れていきます。

　不動産投資とは、その名の通り、不動産を購入し、その家賃収入を得る投資のこと。

　上級者になれば、安い不動産を購入し、高いときに売却をして、その売却益を得るという人たちもいますが、これは限られたプロの人たちしかできません。

　一般的に多くの人がイメージするのは、家賃収入による不労所得ではないでしょうか？

　もし給与とは別に毎月家賃収入が入ってきたら、どれだけラクだろうか？　もし働かずに家賃収入だけで生活ができたら、どれだけラクだろうか？

　そんなことを夢見る人も少なくないことでしょう。

　しかし、残念ながら、そのような現実がやってくることはほぼありません。**なぜなら、不動産投資は決して不労所得ではないからです。**

　不動産投資をする人たちは大きく2つのパターンに分けられ

ます。

　代々の地主で相続などによって不動産を受け継いだ方と、自分のお金や借入れによって自ら不動産を手に入れていった方です。

　そして、多くの方が実現可能な不動産投資のパターンとしては後者の「自ら不動産を手に入れた」方に当てはまることでしょう。

　そのため、不動産投資をはじめるにあたって、ある程度の元手となるお金が必要となります。

　ただ、ここはある程度の給与や事業収入など、返済能力が高い人に対しては、銀行などがお金を貸してくれます。これにより、サラリーマンでも不動産を購入することができてしまうのです。

　ここで、その方が不動産事業にコミットできればいいのですが、ほとんどの場合において副業でおこなったり、管理会社に任せっきりになったりしています。

　不動産を売る側もそれらを売り言葉にしているケースも多いです。「一度購入すれば、放っておいても家賃収入が自動的に入ってきますよ」と。

　では、実際はどうなのかというと、不動産投資でうまくいっている人は皆、とても勉強をしています。まさに不動産投資のプロフェッショナルです。

・購入する物件の財産価値はどうか？
・利回りはどうか？
・近隣にはどのような人が住んでいるのか？
・その街の将来性はどうか？
・建物のクオリティはどうか？
・ほかの不動産との差別化はどうか？

このように、不動産投資をひとつの事業として、真剣に考えています。

副業やそれほど知識のない状態で不動産投資をはじめてしまう場合、このようなプロの人たちと同じフィールドで戦っていく必要があり、ほとんどの場合で勝つことができません。

出ていくお金も多く、リスクが高い

はじめたてのときは新築ということで、家賃収入もしっかりとあるかもしれません。

しかし、**少し古くなってきたら空室になってしまったり、大きな修繕費が出たり、増えた税金を納められなくなったりと、その状況はどんどんと悪化していきます。**

その対策のために、さらに不動産を買い足したり、いいタイミングで売却できたりすればいいのでしょうが、それはプロでないとなかなか現実的ではありません。

こうして、お金が増えると思って購入した不動産は、お金が

出ていくだけの「負動産」となってしまうのです。これでは投資失敗です。

　不動産投資は、ほかの投資と比べ手出しする金額が大きくなります。投資に絶対はありません。お金がなくなってしまうこともよくあります。

　不動産投資はプロのレベルがとても高いので、よほど勉強をしない限り、成功する確率も非常に低いです。

　それでもやりたいという人は真剣に取り組み、やっていくのもアリです。いいタイミングでいい不動産と巡り合えれば、大きな利益を得ることもできます。リスクが大きい分、リターンも大きくなるからです。

　ただ、それは**余裕のあるお金でおこなうようにしましょう。そして、しっかりとその不動産投資と向き合える人だけです。あまい言葉だけに誘われ、気軽な気持ちではじめてしまうと、痛い目を見ます。**

　知識のない会社員を狙った悪徳不動産投資会社もあるので、その会社の養分とならないように、あなたはしっかりと知識を身につけて、危ない話は断るようにしましょう。

　不動産投資が不労所得になる人は、本業で莫大な富がある人のみです。もしくは何千万円単位のお金を不動産投資に充てられる人です。私も含めた一般人が簡単に手を出していいものではないのです。

　それでも、いつかは不動産投資をしたいという人は、少額の投資額でも勝てるように知識を身につけるか、仕事をがんばってお金を稼ぎ、多額の投資金を準備しましょう。

　それができるまでは「不動産投資はプロしかできない」と割り切っておいてください。

　さて、「投資」の講義はこれくらいにして、次の講義では資産を手に入れるうえで考える機会も多い「負債」について、お伝えをしていきます。

　クレジットカードが世に普及したいま、誰でも負債を扱う時代になりました。

　住宅ローンや車のローン、奨学金などの借金や、分割払いなどは、負債に関する知識がない状態でも増やすことができてしまいます。

　ただ、借金などに代表される負債は、必ずしも完全に「悪」というわけではありません。

　なかには、うまく負債を活用することで、より生活を豊かにすることができたり、資産を充実させることができたりするのです。うまくお金を扱っていくためにも、負債についても学んでいきましょう。

講義メモ

「不動産投資はプロにしかできない」と割り切っておく

FIRE は本当に幸せなのか?

　近頃、欧米を中心に「FIRE」という考えが流行っています。日本でも、投資をする人が増えている影響で、徐々にこの考え方が浸透しつつあります。

　FIREとは、経済的自立と早期リタイアの意味を掛け合わせた造語で、資産運用によって毎月の生活費を生み出すことで、会社を早いうちに退職をし、自由な生活を送る考え方のことを言います。

「仕事をしなくて自由に暮らせるなんて、理想的すぎる!」

　このようにあこがれFIREを目指している方も、投資をされている方のなかには多くいます。

　もちろん、そういう生き方もアリだと思います。

　資産運用による収入は世界中どこにいても受け取ることができます。つまり、時間にも場所にも捉われることなく、自由に生きることができます。

　ただ、その分、FIREを実現するためには1億円前後の投資額が必要となると言われています。つまり1億円のお金を準備しなければならないということです。

　真剣にFIREを目指している人は、身を粉にして働き、月に何十万円も積み立てをして、普段の生活はとことん倹約。収入

のほとんどを積み立てにまわしたりしています。

　実際に私もお世話になっている方に、FIREを実現されている方がいます。

　その方は、いまでこそ悠々自適に生活をされていますが、20代のときにはものすごく働き、給与のほとんどを投資にまわしていたそうです。そのおかげでいまがあると言われていましたが、その当時は大変だったとも言われていました。

　このように結局は、「いつ働くか？」「いつ稼ぐか？」「いつがんばるか？」なのです。

　FIREを目指すうえで、いま積み立てていくお金は、いま使えないお金でもあります。

　しかし、長い人生のなかで、いましか得られない経験も多くあります。そういう手放さなければならないものも含めて、FIREを実現することがいい生き方だと思えれば、その道もアリでしょう。

　FIREを目指して、いまお金を使わないことも、FIREを目指さずに、いまお金を使うことも、どっちも正解です。

　あなたが幸せだと思える人生を選択し、そのためにお金を使っていきましょう。

　知識があると、いろいろな選択肢を選ぶことができます。

　一度きりの人生。あなたの人生の選択肢を増やしていくためにも、お金の知識もそれ以外の知識もたくさん身につけていきましょう。

第5講

負債

「借金＝悪」ではない

　借金と聞くと、一般的にはあまりいいイメージがないかもしれません。「借金はしないほうがいい」「借金は怖い」という考えの方も多いことでしょう。

　じつは借金には「いい借金」と「悪い借金」があります。
　借金＝悪というわけではないのです。
　結局は、使い方次第であり、考え方次第です。
　「お金を借りる」ということについての知識がないからこそ、誤った扱い方をして、人生を堕としてしまいます。
　借金によって、真っ当に人生を豊かにしている人もいます。
　そこで、ここでは借金の考え方、扱い方について学んでいきましょう。

　借金とは、その文字の通り、誰かにお金を借りることをいいます。親や友人から借りることもあれば、銀行や消費者金融から借りる人もいることでしょう。奨学金の場合には、大体の場合において、国が運営している機関からお金を借りています。

　分割払いも借金の一種です。いま支払うべきものを分割して

支払っているのが分割払いなので、借金と性質は同じです。

　では、このお金を借りるという行為自体が問題かというと、まったくそんなことはありません。誰しも何かしらの理由があって、お金を借りているはずです。

　買いたいものがあったり、投資したいものがあったり、支払わないといけないものがあったりします。そのときにお金に困り、そのお金がいま捻出できないから、お金を持っている人やお金を貸してくれる機関に頼り、借りるわけです。

　これ自体はむしろWIN-WINの関係です。

　しかし、問題はそのあとです。
　借りたお金の使い道と、借りたお金の返済。
　この2つが定まっていないと、借金は途端に危険になります。

いい借金と、悪い借金

　まず、**使い道として考えなければならないことは、「本当に借金をしてまでそのお金は必要なのか」という点**です。

　投資詐欺、ギャンブル、日常の荒いお金遣いなど、こういったことのために借金をしてしまうのは、悪い借金です。

　一方、**マイホームを買うための資金や学費を支払うためなど、明確な目的がある場合には、その借金はいい借金です。**

　そのお金を貯金していなくても、いまそのお金を借りること

で必要なものを購入することができ、そして、その後の未来で返していけばいいからです。

　だからこそ、返済できるかどうかは、お金を借りるうえでもっとも重要な要素になります。

　返済計画がないなら、借金をしてはいけません。返済計画のない借金は、人生を破滅に導く悪い借金です。

　借りたお金の用途が明確で、返済計画がしっかりと立てられている場合のみ、借金はしてもいいのです。

　しっかりとした返済計画を立てるためには、その借金をすることで収入が上がったり、家計の負担が減ったりしなければ、計算が合いません。

　私も奨学金を借りて専門学校へ行きましたが、その奨学金のおかげで高度な勉強をすることができ、その結果、税理士になることができました。これはいい借金です。

　奨学金はいまでも返済をしていますが、これまで支払いが滞ったことはありません。自分の支払う家計費のなかに「奨学金の支払い」という項目を入れているからです。

　立てた返済計画を遂行していることで、いい借金にすることができているのです。

　借金は「未来の自分のお金の前借り」です。

　未来に渡って返済をおこなうので、未来の自分のお金をいま使っているだけなのです。お金のタイムマシーンと捉えると、イメージがしやすいかもしれません。

大事なことは、どのようにしてお金や資産を循環させるかです。

未来の自分からお金の前借りをしたのであれば、将来、過去の自分に対して「借りてまで先行投資してくれてありがとう」と言えるように、その借金をして支払ったものの効果を上げていきましょう。

まとめると、

（1）借りたお金の用途が明確である
（2）返済計画がしっかりと立てられている

この2つの条件を満たしていない場合には、その借金をすることはやめておきましょう。

いい借金ができるように、お金を借りる際には、この2つの条件を判断軸としてくださいね。

講義メモ

「用途が明確」で「返済計画が立ててある」場合のみ、
借金はしてもよい

リボ払いだけは、手を出してはいけない

いい借金の2つの条件である、

(1) 借りたお金の用途が明確である
(2) 返済計画がしっかりと立てられている

が揃った場合であっても、絶対にオススメできない、手をつけてはいけない借金があります。

それが「リボ払い」です。

リボ払いはその仕組みによって、一発で悪い借金に判別されます。なぜなら、返済計画を立てることがほぼ不可能だからです。それくらい利息が高いのが、リボ払いの大きな問題点です。

リボ払いとは、正式名称をリボルビング払いといい、クレジットカードの支払い方法のひとつです。リボ払いのほかには、一括払いと分割払いがあります。

一括払いは、指定されたカードの引き落とし日にクレジットカードの使用額を一括して支払う方法で、分割払いは何か月かに分けて、分割して支払う方法です。

　では、**リボ払いはというと、「あらかじめ設定しておいた金額を支払う方法」のことを言います。**

　一見、分割払いと同じように感じるかもしれませんが、リボ払いは分割払いとまったくその中身が異なります。

　これを知らずにリボ払いを使ってしまうと、知らないうちに返済がふくれ上がり、大変なことになってしまいます。

　リボ払いのメリットとしては、どれだけ買い物をしても、毎月の支払額が変わらないことにあります。

　そのため勘違いをして、毎月5万円返済するだけでクレジットカードを使い放題になると思っている方もいます。

　返済する金額が定額であることは間違ってはいませんが、決してカードが使い放題になるわけではありません。

　最近ではクレジットカードの契約の際に、リボ払いを設定するように促される傾向にあり、リボ払いのことを知らないと、担当者に言葉巧みにリボ払いの設定をさせられてしまうこともあります。

　でもこれはNGです。リボ払いだけは絶対に断ってください。

　商品券やポイントなどで釣ってくる場合もありますが、その甘いエサに釣られないようにしましょう。

　なぜ、これほどまでにリボ払いを止めるのかというと、リボ払いの手数料は異常なほど高いからです。

　そして、この手数料は複利で増えていくので、エグいくらいに返済額がふくれ上がっていきます。お金を返しても返しても、

減らないという具合になってしまうのです。

その手数料の高さ、なんと年利15％です。
　クレジットカード会社によって多少の差はありますが、多くの場合において、この年利が採用されています。
　さらに、**複利で計算がされていることに加え、支払いも一定額であることから、いくら払っても返済が終わらない**というロジックになっているのです。

リボ払いで買い物をした場合のシミュレーション

　事例でお伝えしていきます。

　あなたが1月に30万円のパソコン、2月に6万円の時計を買い、3月以降そのクレジットカードでは何も買っていなかったとしましょう。
　これらの買い物をリボ払いでおこない、その支払額を月4万円にしていた場合、合計36万円の買い物の支払いが終わるのは、その年の11月になります。
　総支払額は38万円となり、2万円は手数料として取られてしまいます。毎月の支払額の4万円のなかに、ちゃっかり手数料が入っているのです。

　ただ、実際には買い物がこれだけということはないでしょうし、3月以降も買い物をすることでしょう。そうすると、自分

がいくらの未払いがあるかを把握できないまま、何も考えずに4万円を支払い続けることになります。

そしていつの間にか100万円単位の未払いが残っていたということにもなりかねないのです。

ちなみに同じ事例で、毎月の支払額が1万円だった場合には、手数料はどうなると思いますか？

手数料がなければ、36万円を毎月1万円ずつ支払うので、36か月（3年）で支払いが完了します。

しかし、毎月の支払額を1万円に設定したリボ払いでの支払いの場合には、手数料も含めたすべての金額の支払いが終わるまで、なんと「4年1か月」かかります。

そして、手数料を含めた総支払額は「48万円」ほどになります。**36万円のモノを買って、48万円を支払うことになってしまうのです。**

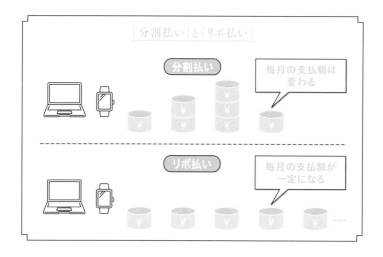

リボ払いは悪い借金の代表例です。

　ほかにも銀行などでできるキャッシングも年利が高く、多額の利息を支払うことになるので、オススメしません。

　知識がないことを理由に、リボ払いを設定してしまい、あとからお金に困ってしまうことにならないように、リボ払いに手を出すことはやめておきましょう。

講義メモ

リボ払いの手数料は、異常なほど高い

奨学金は「早く返済しよう」なんて思わなくていい

　お客様のお金の相談を受けていくなかで、意外と多くある質問が「奨学金は早く返したほうがいいのでしょうか？」というものです。

　理由としては、「利息がもったいないから」「借金があることが嫌だから」というものが多いです。

　住宅ローンの支払いなどでも同じご相談がよくあります。

　しかし結論、これらは早く返す必要はありません。

　せっかく「未来のお金の前借り」をできているのであれば、ギリギリまで前借りをしておきましょう。

　たとえば**奨学金の場合、利息の年利は1%を大きく下まわることがほとんどです。種類によっては無利子のものもあります。**

　たしかに奨学金を早めに返してしまえば、その分の利息は発生しません。

　でも、借りていたお金を早めに返すためには、当然「いまの手元のお金」を使う必要があります。

　それよりも、利息分の1%くらいであれば別のことにお金を使うことで資産を築いたり、その余剰資金を運用にまわしたり

したほうが、**長期的に見るとお金を増やすことができるでしょう。**

早期返済をするくらいなら、
その分のお金を別の資産づくりに使おう

　何より、その返したお金は一度返してしまえば、二度とあなたの元へは返ってきません。

　何かお金が必要となったときに、奨学金と同じ利率でお金を借りることはほぼ不可能です。

　それくらいに、お金を新たに借りるということは難しいです。

　なぜなら、学生のときと異なり、いまのあなたの経歴や収入などで返済能力があるのかを「評価」されたうえで借りることになるからです。

　そうなったときに、お金に困った状態のなかで借りられるお金は、利息の高いところしかないのが現実です。

　それでは、せっかく低い金利のなかでお金を借りられているのに、余計にお金がなくなってしまいます。

　だからこそ、奨学金を早期返済する必要はまったくないのです。その返せる分のお金をうまく違うことに使っていきましょう。そのお金を使って、資産を築いていくのです。

　大事なことなので繰り返しお伝えしますが、借金は悪いものではありません。

　お金は、信頼されていないと貸してもらえません。

　住宅ローンなどを借りるときにはそれが顕著に表れます。

　銀行に信頼をされていれば多くのお金を借りることができますが、信頼をされていなければ1円も借りることはできません。

　借金はあなたの未来の前借りであり、自分のお金です。

　嫌がる必要はなく、うまくつき合っていけばいいだけです。決められた期間のなかでしっかりと返していけば、誰も何も言いません。

　いましかできないことはたくさんあります。そのときに使えるお金がないと、選択肢が狭まってしまいます。

　返済すべきものを返さないというのは論外ですが、早く返す必要はまったくありません。

　「いまのお金を、どうやってこれからにつなげていくのか」を意識していきましょう。それが最終的に使えるお金を増やすことにつながっていくのです。

講義メモ

奨学金と同じ利率で借りられる借金はほぼない

資金調達の新常識 「クラウドファンディング」

「いつか私、カフェを自分でやりたくって。そのためにお金を貯めているんです！」

その想い、すばらしいことです。

ただ、ひとつだけ勘違いがあります。

いまの時代、夢を叶えるための貯金は必要ありません。がんばる人をお金で応援するための仕組みが整っているからです。

そのカフェを出す夢、お金が貯まっていなかったとしても、すぐに叶えることができてしまいます。

「クラウドファンディング」という言葉を聞いたことがあるでしょうか？

クラウドファンディングとは、群衆と資金調達を掛け合わせた造語で、「叶えたい夢はあるけどお金がない」という場合に多くの支援者から出資してもらうことで、お金を集める資金調達の方法を言います。

ひと昔前だと、お金を集めるためには銀行からお金を借りたり、お金持ちの人から借りたりする方法しかありませんでした。

つまり、ひと握りの人でないと大金を集めることは難しかったのです。だからこそコツコツ貯金をして、その夢を叶えるためのお金を集める方法しかなかったのです。

しかし、いまではこのクラウドファンディングが生まれたことにより、多くの人が支援したいと思える夢に対しては、お金が集まるようになりました。

たとえば、オリンピックを目指す将来有望な子どもたちへの活動資金や、地方創生の復興資金など、**理念やビジョンが明確であり、応援したいと思われる夢は、手元に1円もお金がなかったとしても資金面で援助を受け、その夢を叶えるための一歩を踏み出すことができるようになった**のです。

当然、私欲だらけの夢や誰の得にもならない夢であれば、支援金が集まることはありませんが、魅力的な夢であれば、お金を集めることができます。

クラウドファンディングによって、アイデアはあるけどお金がなかったことでつくれなかった便利なグッズが誕生したり、大企業ではなかなか予算がおりずにつくることができないニッチな商品をつくることができたりと、この仕組みによって叶った夢は数えきれないほど存在しています。
　社会への還元が大きい夢であれば、お金がないからという理由でその夢をあきらめる必要はなくなったのです。

クラウドファンディングの成功例であまりにも有名な事例が、実業家の西野亮廣さんがおこなった『えんとつ町のプペル』のプロジェクトです。このプロジェクトでは総額1億円を超える支援金が集まり、その資金をもとに映画などがつくられていきました。

まずは誰かのプロジェクトを支援してみよう

　このように知名度のある芸能人だけでなく、学生や無名な人であっても、同じだけチャンスがあるのがクラウドファンディングです。

　出資も誰でもできることから、**多くの人が困っていることに対して、それを解決する刺さるアイデアを伝えることができれば、大金を集めることができる**ことでしょう。

　まずは、誰かのプロジェクトを支援するところからはじめてみてもいいかもしれません。

　私も空き時間でいろいろな方のプロジェクトを見ることがありますが、「これ、実現したらいいな」というアイデアもたくさんあり、いつもワクワクしながら見ています。

　そのなかで応援したいなというものに対しては出資もするので、クラウドファンディングは応援されたい人と応援したい人がマッチングされる現代らしい素敵な仕組みです。

　ちなみに、この本も多くの方に手に取っていただくために、

出版前にクラウドファンディングをおこない、ありがたいことに多くの方にご支援していただきました。その支援金は広告費にまわし、この本を広めるために使っています。

クラウドファンディングは、そのお金を返すというものではないので借金ではありませんが、自分ではない人のお金を集めるという点で、新たなお金の概念です。

現代だからこそ使うことができるこの仕組みは、必要なときにはぜひ活用し、お金を理由に夢をあきらめないようにしましょう。この時代に生まれたことに感謝ですね。

講義メモ

クラウドファンディングのおかげで、
誰でも資金調達が可能になった

泥棒よりも怖い金融詐欺

「負債」の講義の最後に「お金が出ていく」という観点から、金融詐欺についても触れていきます。

金融詐欺とは、オレオレ詐欺や架空請求詐欺、還付金詐欺など、誰にでも巻き込まれてしまう可能性があり、お金を騙し取られてしまうもののことを言います。最近だと、仮想通貨やFX投資による詐欺被害も多くあります。

これらの金融詐欺は、学生時代の友人からの誘いやインターネットを介しての被害など、どこから魔の手が迫るかわかりません。

どれだけ規制をしても減ることがないのが金融詐欺です。あなたのまわりの人にも、騙されたことがある人がいるのではないでしょうか？

なぜ多くの人が金融詐欺に騙されてしまうのでしょうか？
それは、圧倒的に「知識が足りない」からです。

たとえば、投資詐欺の場合だと「50万円振り込んでくれたら、いま急成長の会社の株式を代わりに僕が買ってあげるから、

それだと1年間で倍になって返ってくるよ」という感じで誘われます。

こんなふうに"それっぽい経済情報"を混ぜながら、妙に納得感のある言葉で騙していきます。

この場合には「そんな増え方があるわけがない」ということがわかっていれば、お金を出すはずがありません。

でも、多くの人がその知識がなく"それっぽい言葉"に騙されてしまいます。

そして、その人にお金を振り込んだら最後。

いろいろな言い訳を並べられてお金を返してもらえなかったり、連絡が取れなくなったりします。

契約書などの書面も交わさないことがほとんどなので、そのお金を取り返す術もありません。

知識があれば、お金を守れる

このように、金融詐欺は泥棒に入られるよりもよっぽどタチが悪いです。どれだけ通帳を大切に保管していたとしても、そのなかのお金を自分で引き出して、詐欺師に渡してしまうからです。

当然、一番悪いのは騙す側です。ただ、ここまでいくと騙されてしまう側にもいくらかの原因はあります。

少なくともお金の知識があれば、そんな運用はないということがわかるので、その話を信じることはありません。

SNSやインターネットの影響で、情報があふれるなかで、騙される機会を避けることはなかなか難しいでしょう。

　だからこそ、騙されない自分になっておくということを意識し、知識で自分を守っていきましょう。

　変なビジネスやお金儲けに足を突っ込んで、お金や友人をなくさないためにも、危ない話には乗らずに、お金とは身につけた知識のなかでつき合っていきましょう。

　あなたの大切なお金は、自分でしっかりと守っていってくださいね。

　さて、ここまでお金の基本的な考え方を学んだところで、次はよりリアルな「暮らし」にまつわるお金について、踏み込んでいきます。

　歳を重ねていくうえで考える、家の「賃貸か、購入か」問題など、快適な暮らしをするうえで欠かせないお金について、お伝えをしていきます。

講義メモ

金融詐欺は、騙される側にも原因がある

<u>命より重いものはない</u>

　リボ払いを選択してしまったり、消費者金融でお金を借りてしまったりして、その支払いがどうしようもなくなった場合、先の見えない現状に生きる希望をなくしてしまい、命を落としてしまう人がいます。

　事業をやっている人でも、どうしても支払いができずにその支払いを自分の死亡保険金で賄おうとする方もいます。

　でも、待ってください。

　この世に、命よりも重いものはありません。

　お金のことを理由に、命を落とすという選択をすることは選ばないでください。

　日本では、借金などの返済がどうしようもなくなった場合にその支払いを免除する「自己破産」という制度があります。

　自己破産は誰でもできるわけではありませんが、支払能力がないと裁判所に認められた場合には、それこそ誰でも自己破産をすることができます。

　自己破産をすると法律のなかで借金を支払う義務がなくなるので、その後は借金に追われることなく、ゼロからリセットをして、生活をはじめることができます（お金を貸している側からすれば、たまらないことではありますが）。

自己破産をすると、自宅や車などの資産が処分されたり、クレジットカードをつくれなくなったりと、不都合なことは出てきます。

　しかし、命までは取られません。そこからまた再スタートをして、人生を送ることができます。

　自己破産とは縁がない人生を送ることが一番です。

　ただ、何が起こるかわからないのが人生でもあるので、万が一、窮地に追い込まれたときには、自己破産という選択も頭に入れておきましょう。

　命に変えられるものはこの世にありません。たったひとつの命。大事にして、お金のことで困らなくていいように、いまのうちからお金と向き合っておきましょう。

第 6 講

暮らし

永遠のテーマ 「家は購入or賃貸の どちらがいいのか問題」

　暮らしといえば、生活の基本要素である「衣・食・住」が挙げられます。そのなかでもお金ともっとも関係性の深い「住」について、お伝えをしていきます。

　26歳で多くの人が一度は考えるべきこと。
　それが「家を買ったほうがいいのか？」「賃貸のままでいいのか？」という議論です。

　仕事にも慣れ、給与もある程度安定してきたなかで、家族が増えたり、住む場所が決まってきたりすると**「家賃を払い続けるよりも家を買ったほうが安いのではないか？」**と考える方も多いでしょう。
　実際、私もこの原稿の執筆中に、事務所近くに分譲マンションを買おうかと検討しているくらいです。
　ただ、歩いて海へ行ける場所にマイホームを立てるという夢もあるので、それとの兼ね合いや、いまの賃貸マンションや売りに出ている分譲マンションとのバランスを見ながらの検討となります。

　では、この「購入か？」「賃貸か？」という議論の答えはどこに落ち着くのでしょうか？

　これは非常に難しく、ハウスメーカーに聞けば「家は買ったほうがいい」と言い、ミニマリストに聞けば「家は買わないほうが身軽でいい」と言うはずです。
　どちらにもメリットとデメリットがあり、大きな買い物だからこそ、その検討は慎重にならざるをえません。

　ただ、ある程度の「指針」を打ち出すことはできます。
　その指針を打ち出すためにも、まずは、**26歳で家を買った場合と賃貸に住み続けた場合のシミュレーションをしていきます。**

　家のシミュレーションをするときに欠かせないのがライフプランであり、家族構成です。
　独り身や夫婦2人暮らしであれば、それほど難しいシミュレーションにはなりませんが、家を買おうと思っている方のほとんどが家族のいる世帯です。
　子どもの成長に応じた部屋の広さや、教育のことを考えた学区問題など、いろいろなことを考えながら検討をする必要があります。
　ここでは純粋に「数字」だけを見てシミュレーションをおこない、あとで「想い」の部分についてはケアをしていきます。

　まずは、購入をしたケースから見ていきましょう。

関東圏を中心とした都心部の新築分譲マンションの場合、3LDKの相場が6000万円台です。大阪や名古屋、福岡などの他都心部だと5000万円台になり、地域が都心部から離れれば離れるほど、その価格は下がります。

　中古マンションの場合にはさらに価格は下がり、その築年数に応じて金額は安くなります。ただし、その分、修繕費がかかったり、不具合が出てきたりという問題が生じます。

新築の分譲マンションを購入した場合

　今回は、新築の分譲マンションを購入したとして、試算をします。

　購入のケースにおいては、ほとんどの方がローンを組む必要があるでしょう。ここではもっとも一般的な**35年の住宅ローン**を組むとします。

　このとき変動金利か固定金利かで、その金利の取り方が変わるので、両者の間をとって**金利を1％として計算をします。頭金もなし（0円）です。**

　すると、**月々の返済額が17万円ほど**になります（SUUMOの支払額シミュレーションにて試算）。

　さらに分譲マンションはここに毎月の管理費と修繕積立金が加わります。そして固定資産税の納税や後々の修繕費なども生じるので、**ここにプラスして3万円から5万円は見ておいたほうがいい**でしょう。駐車場を借りるのであれば月々の支払額は大きくなります。

　そのため、**26歳から61歳までの期間は毎月20万円ほどの住宅費がかかります。**

　住宅ローンの返済が終われば支払うものは管理費だけにはなりますが、もう35年も経った古い家です。修繕箇所が出た場合には修繕する必要があり、その分のお金は貯めておかなければなりません。

　それでも賃貸で住むよりかは安く、広くてきれいな家に住むことはできます。

　物件価格が高ければ、その分、立地もいいと思うので、快適に暮らせることでしょう。

　分譲マンションではなくマイホームの場合には管理費や修繕積立金などはかかりませんが、その分、維持管理費や発生する修繕費への備えは必要なので、毎月一定の貯蓄はしておかなければ、万が一のときに対応することができません。

　また、マンションや一軒家を買う場合には、初期費用として銀行への手数料や登録免許税などの税金関係も生じます。

　それらをローンで賄うこともできますが、その場合にはまた返済額が増えるので、その分の収入の確保が必要となっていきます。

　家を買うことの最大の魅力としては「自分の資産になる」という点です。賃貸はその物件のオーナーにお金を支払っているのに対し、購入だとローンを組み、返済をしていくので、前借

りをした自分へお金を支払っていきます。

　「誰かに家賃を支払うくらいなら、自分の資産にしたほうがいい」と考え、家を購入する方は多いですが、じつはその考えは微妙です。

　資産という考え方だけで家を買うのであれば、ほとんどの場合において、それは損してしまいます。

　家を買うことで得られるのは、不動産としての資産よりも、「想い」や「安心感」などの目に見えないほうの無形資産だからです。次の項目で詳しく説明していきます。

講義メモ ✎

都心で新築分譲マンションを35年ローン、頭金なし、金利1%で購入した場合の金額試算をしてみる

マイホームは成功の証ではない

　家を買うことを夢に掲げている方は多いことでしょう。

　先ほども触れましたが、私もイメージしているマイホーム像があります。その夢を叶えてくれる条件の土地が見つかったとき、すぐにでもその土地を手に入れるつもりです。

　でも、いまのところは、そんな土地には出合えていません。

　家を買うと、その建物と土地はあなたのものになります。

　目に見える資産として手に入ります。

　しかし、それを手にしたと同時に、同じ金額の借金を背負うことになります。

　借金を背負うこと自体は何も問題はありません。ただの自分のお金の前借りなので、定められた返済期間でお金を返していくだけです。

　賃貸としての家賃を支払わなくていい分、そのお金をローンの返済に充てていくことになるでしょう。

　ただ、**この不動産という資産はその考え方が恐ろしく、多くの場合において、あなたが手にした瞬間、その価値が下がります。**

6000万円のローンを組んで買ったその家は、あなたが手にしたときに、もう6000万円の価値ではなくなってしまうのです。

　なぜなら、買った瞬間に、その不動産は新築ではなく「中古」になるからです。

　中古マンションは、新築マンションと比べ、値が落ちてしまうのです。そのため、その購入した家自体は、それほど大きな資産になることはありません。

　そもそも厳密には、ローンを返し終わるまでは、あなたのものでもありません。ローンを返せなくなったら、抵当権を設定している銀行のものになってしまいます。

　あなたがそのローンを全額返し終えたとき、ようやくその家はあなたの資産になったと言えるのです。

　そう考えたとき、家を買うことは意味がないのでしょうか？

　いえいえ、そんなことはありません。

　家を買うことで得ることができる資産を、モノ以外に見出せるのであれば、それはいい買い物であると言えます。

　マイホームがあることで得られる安心感や家族との団欒、地域とのコミュニケーション、定住するという意識など、その建物と土地以外に得られる資産はたくさんあります。

　これらを買うと捉えると、賃貸よりも購入のほうがいいとも考えられます。

　ただ当然、それらの資産は賃貸でも得ることができる可能性もあるので、購入することだけが正義ではありません。
　マイホームは成功の証でも何でもなく、さまざまな資産を得るための手段に過ぎないのです。

　「家賃がもったいないから」という理由だけで家を買おうとしているのであれば、それは一旦やめておきましょう。
　家を買うことで何の資産を手に入れたいのかを明確にして、「賃貸ではダメなのか？」を考えたうえで、検討をするようにしましょう。

売ることを想定して購入する

　また、もしも購入する場合には、もう一点、頭に入れておいてもいいポイントがあります。
　それが「リセールバリュー」と呼ばれる資産性の考え方です。

　たとえば、都心のマンションと地方の田舎のマンションとでは、そのマンションを同じ金額で買うことができたとしても、その後、売るときの価格がまるっきり違います。
　都心部であれば、その場所に住みたい方が中古でも買ってくれる可能性があるため売ることができるかもしれませんが、田舎地域であれば、その可能性が非常に下がります。
　そのため、同じ金額で買ったそれぞれのマンションは、同じ

時期に売りに出したとしても、同じ金額で売れることはないのです。

　多くの場合において、都心部のマンションのほうが高く売れます。
この「購入したものをもう一度売ったときの価値」のことをリセールバリューと言います。

　正直、購入する家やマンションのリセールバリューがどうなるかは、未来の話なので誰もわかりません。上がるかもしれないという不確定要素で考えるしかありません。
　しかし、その地域の情報や都市計画などを見て、ある程度の予想はすることができます。
　そのときに、「この場所の不動産であれば買ったとしてもいい金額で売ることができる」と考えることができれば、そのあたりの金額も考えたうえで、買ったほうがいいケースも多くあります。

　私が分譲マンションの購入を検討しているのも、この考え方があるからです。
5年から10年後くらいに売却をすること前提で、その期間を住むマンションがないかという考えのもとで探しています。
　だからこそ、そのマンションの資産価値がいくらくらいになるのかは緻密に調査をしたうえで検討をしています。

　買う場合の指針として、「売れる場所で買う」か「一生そこ

に住み続ける」か、を考えるようにしましょう。

　そして、「買うことで何の無形資産を得ることができるのか？」を踏まえたうえで、検討と判断をしていきましょう。

講義メモ 🖊

「家賃を払い続けるのはもったいないから」で
購入すると失敗する

目的もなく家を買うなら、
賃貸に住み続けたほうがいい

　次に、賃貸のケースを見ていきます。

　賃貸のいいところは、そのときの状況で部屋の大きさを選べるという点です。

　そのため、子どもが小さいときには2LDKで、大きくなったら3LDKで、というように選択をすることができます。

　賃貸の場合にも購入の場合と同じで、築年数や立地などで家賃は大きく異なります。

　先ほどの分譲のケースと同じ条件で考えた場合に、**関東圏で同じ立地の新築マンションに賃貸で入居した場合には、20万円から30万円の家賃が必要となります。その他都心部だと、5万円下がった15万円から25万円ほどの家賃になります。**

　ただ、これが2LDKでよければ、その分の家賃を下げることはでき、築年数を10年とか15年とかにすれば、またその分の家賃は下がります。

　子どもがいるときには大きな家が必要かもしれません。

　リビングと寝室と子ども部屋を分けてあげて、それだけの部屋の確保が必要になるでしょう。

　でも、それは子どもたちが家から学校へ通う場合のみです。もしかすると遠方の中学や高校へ入学し、全寮制の学校に通わせるかもしれません。

　大学も、上京をして、仕送りをする生活になるかもしれません。そんなときに3LDKの広さの家は必要ないでしょう。

　転職をしたり、仕事のスタイルが変わったり、住みたい場所が変わったりしたとき、もっとも身軽なのが賃貸で住むことです。

　家賃を支払うのはもったいないと思ってしまうかもしれませんが、家賃にはさまざまなお金が含まれているので、その賃料は意外と安いものです。

　固定資産税などの税金を支払う必要もなければ、壁の塗装やエレベーターの補修費などを持ち出す必要もありません。

　トイレやキッチンに不具合が生じた場合には、多くの場合においてオーナー負担で、その家に住むあなたはお金を支払う必要がありません。

　マンションの場合には、エントランスがきれいに保たれていることも、オーナーが清掃業者や管理会社に管理費を支払っているからです。

　一軒家の場合には、植栽の手入れや小さな補修はオーナーがメンテナンスしてくれているから快適に住むことができているのです。

　そういう諸々の費用がすべて賃貸の場合には、家賃に含まれます。

そして、その家に定住する必要もなく、契約に沿って自由に住み替えすることもできます。

そのため、賃貸もじつは悪くないのです。

むしろ目的もなく家を買うくらいであれば、賃貸で住み続けたほうが得をするケースは多くあるのです。

家賃1.9万円のボロアパートで、心が荒んでいった

賃貸派の方にこだわってほしいポイントがひとつあります。それが「家賃はケチらないで」ということです。

家を購入する場合には、自由にカスタマイズできる分、自分の好きや理想を詰め込みます。そして、それに対するお金はある程度許容できることでしょう。一点モノの家の場合には、高くても買ってしまうことがあるでしょう。

一方、賃貸の場合には、比較する賃貸マンションなどが多くあることで、よくも悪くも妥協することができてしまいます。

家賃を低く抑えてみたり、便利さと広さを天秤にかけてみたりと、いろいろな候補の部屋があることによって、さまざまな選び方ができてしまいます。

このときに、たとえ固定費が増えたとしても「住むところのお金を渋る」ということはしてほしくないのです。

基本的に「衣・食・住」の項目にはお金をかけるべきです。

なぜなら、そこで生活の質が明らかに変わるからです。

その項目のなかでも、**とくに「住」については、お金をかけましょう。毎日自分が過ごすところを、落ち着けないところやモヤモヤするところにしてしまうと、たとえ安い賃料だったとしても高い買い物です。**

「ここに住める自分が好き」というくらい、満足のいく部屋に住むことで、そのいい影響が仕事やプライベートにも表れていきます。

私は学生時代、お金の知識と考え方が乏しかったため、とにかく家賃を抑えようと、家賃1.9万円の家に住んでいました。

洗濯機も家に置けないくらいの狭くボロボロのアパートでした。壁は薄く、入居者の質も悪く、とにかく劣悪な環境のなかで暮らしていました。

その影響で当時の私の心は常に荒み、人を妬んでばかりの嫌なやつでした。毎日イライラしていてモヤモヤする、もどかしくもストレスのたまる日常でした。

いまとなっては、そのハングリーさによって勉強をすることができたので結果としてはよかったのですが、何かの歯車がズレていたら、大きく道を踏み外してしまっていたかもしれません。

それくらい、自分がリラックスをして、無意識な状態で過ごす場所を整えておくことは大切なのです。

住む場所の影響は間違いなく受けるので、住居費はケチるも

のではありません。

あなた自身の幸せと家族の幸せを守りたいのであれば、住居費にはお金をかけてください。

そして「購入か、賃貸か」は、「何の無形資産を得たいのか？」を中心に考え、お金中心ではなく、無形資産中心で考えて、判断をしていきましょう。

講義メモ

賃貸は、家賃をケチらずに借りよう

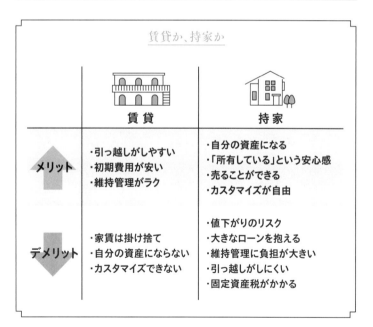

賃貸か、持家か

	賃貸	持家
メリット	・引っ越しがしやすい ・初期費用が安い ・維持管理がラク	・自分の資産になる ・「所有している」という安心感 ・売ることができる ・カスタマイズが自由
デメリット	・家賃は掛け捨て ・自分の資産にならない ・カスタマイズできない	・値下がりのリスク ・大きなローンを抱える ・維持管理に負担が大きい ・引っ越しがしにくい ・固定資産税がかかる

クレジットカードは1枚、多くても2枚まで

あなたはクレジットカードを何枚持っていますか？

インターネットで簡単にクレジットカードをつくれるようになったことで、複数枚のクレジットカードを持っている人は多いことでしょう。

ショッピングセンターへ行くと、「年会費無料ですから」「ポイントが貯まりますから」と言われ、思わずつくってしまった方もいるかもしれません。

それにより、財布がクレジットカードでパンパンになっているという人もいるでしょう。

いま、一度財布を開けてみてください。

それらのクレジットカード、実際すべて必要ですか？

こうして見てみると、おそらく使うクレジットカードは限られてくることでしょう。

そのため、なくても困らないクレジットカードはいますぐ解約をするか、捨ててしまいましょう。

できれば、クレジットカードはメインカード1枚とサブカード1枚の計2枚で十分です。

それ以外のクレジットカードは必要ありません。

　クレジットカードは、信用があることで使うことができています。そして、長く使うことでそれはさらなる信用になり、カードの枠を増やすことができたり、お得なカードを手に入れられたりします。
　すると、ポイントの還元率がよくなったり、そのカード独自の特典を受けられたりもします。

　これが複数のクレジットカードを持ってしまうと、その利用金額や頻度が分散します。分散することで、それぞれのカード会社の信用も分散してしまうのです。

　何より、クレジットカードを複数持つと管理が面倒です。
　私も無知だった新卒のころ、複数のクレジットカードを契約し、財布に入れていました。
　ショッピングセンターや銀行などで勧められるがままつくり、その枚数だけ持っていました。
　しかし、**管理も面倒なうえに、年会費が2年目からは取られてしまってムダな思いをするなど、複数枚持つことの意味がまったくありませんでした。**

　極論は1枚だけでもいいのですが、クレジットカードの種類によっては使えないお店もあるので、予備のサブカードも違うクレジット会社のもので持っておきましょう。当然、年会費は無料のものです。サブですから。

年会費は、支払って得だと思えるものを選ぶ

また、年会費の考え方ですが、**ポイント還元率やクーポンの発行など、年会費を支払ったほうが得をする** こともあるので、**それらを踏まえて年会費がかかるクレジットカード**もいいでしょう。

なかには、ステータスのひとつとしてクレジットカードを見るという考えもあり、私も事業用のカードはゴールドカードにしています。

ゴールドのクレジットカードの場合は、数万円の年会費が発生をしますが、その年会費を支払うことで出張時のホテルが安くなったり、空港のラウンジを使用できたりと、仕事面でのメリットも大きいので契約をしています。

最近はクレジットカードでないと決済できない商品もあるため、クレジットカードは必須な世の中になっています。

現金が安心かもしれませんが、お金の管理ができていればクレジットカードを使い過ぎることもありません。

万が一、使い過ぎてしまわないためにも、支払い方法は一括で。リボ払いは論外ですが、分割払いもやめておきましょう。

クレジットカードの分割払いは支払いに関する感覚が鈍るのでオススメできません。

分割払いを利用する場合には、その返済計画はしっかりと立

て、悪い借金にならないようしておいてくださいね。

　さて、暮らしにまつわるお金をお伝えしたところで、次はさらに踏み込み、「結婚」や「子育て」について、お伝えをしていきます。

　あなたに家族がいれば必読な講義であり、まだ家族がいない方にとっては、将来への予習として学んでおきましょう。
　一生、独り身で生きると決めている人は読み飛ばしてもいいですが、雑学としても面白い内容としているので、チラッとでものぞいてみてください。

　愛はお金で買えるのか？　幸せな家庭を築くためには欠かせない「お金の考え方」について、踏み込んでいきます。

講義メモ

クレジットカードを何枚も持つメリットはない

第 7 講

結婚と子育て

お金はなくても愛さえあれば……
なんてありえない

　あなたが結婚相手を決めるときに譲れない条件は何でしょうか？　優しさ、包容力、ルックス、経済力、清潔感……。それぞれ、譲れない条件がいろいろとあることでしょう。

　そんななかで、誰もが必ず考えておかなければならない条件があります。それが「経済力」です。

　ただ「つき合う」だけであれば、お金の面は妥協をしてもいいかもしれませんが、今後の長い人生を歩むパートナーを選ぶうえにおいては、この経済力にこだわることは非常に重要です。
　なぜなら、**経済力とは「生きる力」を指す**からです。

　仕事ができる人やお金を稼げる人、真面目に仕事を続けられる人は、その評価が経済力として表れます。
　一方、口だけで行動をしない人やすぐに嘘をつく人、浪費グセのある人、続かない人など、経済力がない人や経済力を高める気のない人は、どこかのタイミングでお金に苦労することになるでしょう。
　長い結婚生活において、お金のことを考えずに生活をするこ

とはほぼ不可能に近いからです。

だからこそ、結婚相手には一定以上の経済力は求めるべきなのです。

当然、自分が稼ぐという選択肢もいいでしょう。

その場合には、相手が自分のことをサポートしてくれたり、応援してくれたりする関係性であれば、夫婦合わせて経済力があると言えます。

いまの時代、男性が稼いでも女性が稼いでも、どちらでもいいとは思いますが、どちらも稼げないという状況だと、さまざまな場面で困ってしまいます。

結婚も、出産も、育児も、ある程度のお金がないと苦労をしてしまうことになるのです。

お金がすべてではないですが、お金のことを無視して快適に過ごすことは残念ながら難しいのです。

内閣府が発表している令和4年版の少子化社会対策白書によると、**初婚の年齢でもっとも多い層は男女ともに「25歳から29歳」で、この期間に結婚をするカップルが多い**ようです。

ただ、平均初婚年齢は男性が31歳、女性が29歳と、40年前と比べると3歳から4歳ほど上昇しており、年々晩婚化となっています。

さらには、未婚率も年々右肩上がりで上昇をしているなど、結婚をしない人が増えています。

これは**経済的に「結婚をしたくてもできない」という人が増えている**ことも要因のひとつではないでしょうか。

お金のことで困りそうであれば、結婚前に一度立ち止まろう

　結婚相手に関するジャッジは、おそらく男性よりも女性のほうがシビアです。

　それもそのはずで、出産をするときにはどうしても仕事を休まざるを得なかったり、体力的にキツい思いをすることになったりするのは女性側だからです。

　育児もパパでは補えない母性がママにはあり、子育てをしていると、仕事どころではないこともあるでしょう。

　そんなときに旦那が稼げない状態であれば、出産や育児だけでも大変なのに、さらに仕事をしなければなりません。それはどれだけ仕事が好きだったとしても厳しいものです。

　結婚後、出産を考えている場合に、経済力がなくて困ってしまうのは男性側よりも女性側なのです。

　つき合ったときは熱く盛り上がっていたとしても、実際に結婚をするとなると、冷静に結婚したあとの生活などを想像したうえで考えるはずです。

　そのときに、お金のことで困りそうであれば、本当にその人でいいのかを考えておきましょう。

　男性側も「経済力がないから」という理由で捨ててしまわれないように、早めに経済力を身につけ、しっかりとお金を稼げ

る仕事で真面目に働きましょう。

　もしくは、女性側が稼ぐ場合には、安心して稼いでもらえるように、サポート力を磨いておきましょう。

　こういうものは、一朝一夕には身につきません。

**　大好きな人と結婚をして、そのあとも幸せな家庭を築いていきたいのであれば、カップル間・夫婦間でお金のことを考え、早いうちから備えておきましょう。**

　そう考えると、結婚するのは20代後半だったとしても、その準備は26歳くらいからはじめておかないと間に合いません。

　お金がなくても愛を育むことはできますが、その愛を一生ものにするためには、お金というエネルギーが必要なのです。

　どれくらいの経済力が必要なのかはそれぞれ個人の感覚によりますが、経済力がある人は基本的にはそれだけ人間力が高い人でもあるので、そういう人間力の高いパートナーを見つけてください。そして、そういう人と一緒にいられる自分であり続けましょう。

講義メモ

一生の愛には、お金が必要

結婚式には、
かけたお金以上の「価値」がある

　価値観の多様化により、最近は結婚をしても「結婚式を挙げない」という夫婦も増えてきました。

　私も当初は挙げるつもりはなく、その浮いたお金で新婚旅行をリッチにしようと思っていたのですが、考え方が変わり、プロポーズをした場所で盛大に挙げました。

　心から、結婚式は挙げてよかったと思っています。

　ただ、そうは言っても、結婚式は結構なお金がかかります。

　物価の上昇や人件費の高騰の影響により、ひとまわり上の世代とは比べものにならないほどの金額が必要となります。

　多くの場合において、ご祝儀で元が取れるというレベルではありません。

　いまの相場だと、ゲスト1人あたりの結婚式費用は7万円から10万円ほど見ておいたほうがいいでしょう。ゲストを少人数に抑えた式だととくに負担が大きくなります。

　それでも結婚式を挙げる価値があるのでしょうか？
　結婚式はそもそも誰のために挙げるのでしょうか？

自分たち夫婦のため？　親孝行のため？　ゲストのため？
さまざまな考え方がありますが、そのすべてが正解です。

結婚式は、誰のために挙げるものか

まずは、自分たち夫婦のためという点について。

多くのゲストの前で「結婚」の報告をおこなうことで、ひとつのけじめとなります。

ある調査では、結婚式を挙げた夫婦と挙げていない夫婦とでは挙げた夫婦のほうが離婚率が低いというデータも出ています。

結婚式に呼ぶゲストはあなたにとって大切な人たちばかりでしょう。そんな大切なゲストたちの前で、「結婚をしました」と誓うことで、その後の結婚生活にも影響が出るのではないでしょうか。

次に、親孝行のためというのも大切なことです。

親にとって、子どもが結婚をするというのはひとつの区切りになります。その結婚をまざまざと実感できるのが結婚式であり、**子どもが親に感謝の形を伝えられるのも結婚式なのです。**

これまでの親への感謝やこれからつくっていく新たな家族への感謝を伝える場として結婚式があるのであれば、それは非常に価値の高いものですよね。お金をかける価値があります。

最後に、ゲストのためというのもいい要素です。

お互いの友人やお世話になっている人に対して、「こんな素

敵な人と結婚をしました」と一度に披露をできる機会はなかなかありません。

私も結婚式を挙げた際に、妻の素敵な友人たちと会えて、「この人と結婚をしてよかった」と感じることができました。類は友を呼びますから、大切な友人たちを見ると、その人のことがわかります。

結婚式はお金がかかります。
でも、そのお金以上の価値が間違いなくあります。
親孝行や感謝を伝えられること、非日常体験、思い出など、お金には変えられない多くの無形資産を手に入れることができます。
結婚式は、お金よりも大切な無形資産を一気に手に入れるチャンスです。小規模でもいいので、自分のためにもまわりのためにも、ぜひ挙げてくださいね。

もし、結婚式を挙げられなくて後悔をしているという人は、何かいまから結婚式の代用をできないかをパートナーの方と話し合ってみるのもいいかもしれません。
チャペルを貸してくれるところはたくさんあると思うので、自分たちだけの結婚式や親族を交えた結婚パーティなど、いろいろな可能性を探ってみましょう。

なお、結婚式に参加をする側の話もひとつ。
結婚式の参列者のご祝儀は、「結婚式への参加費用ではない」と認識をしておきましょう。参加費用と考えると、包んだ

お金とその結婚式との価値をジャッジしてしまい、気持ちよく
お金を包むことができません。

**ご祝儀は「結婚おめでとう」というお祝い金と捉え、たまた
ま結婚のパーティにも招待をしてもらったという感覚で参加で
きると、純粋に楽しむことができます。**

結婚式に誘われることは名誉なことです。思わぬ出費に焦っ
てしまうこともあるかもしれませんが、バタバタしなくていい
ように備えておきましょう。

挙げる側も参加する側も、損得ではなく、純粋に感謝とお祝
いの気持ちで、気分よくお金を無形資産へと変えていきましょ
う。

講義メモ

結婚式は挙げるも挙げないも自由だが、
お金以上の価値を得られる貴重な体験である

出産にはどの程度お金がかかるの？

　厚生労働省のデータ（令和4年度）によると、**日本における女性1人あたりの出生率（合計特殊出生率）は1.26人となっており、その数字は年々低下をしています。**出生数も戦後で最少で、この波は今後も続いていくことでしょう。

　このように少子化が進んでいる要因は、結婚をしない人が増えていること、子どもは必要ないという新たな価値観が生まれたこと、そして**「子どもを産み・育てる経済力がないこと」**が考えられます。子どもを産むことと育てることには、やはりお金がかかるのです。

　そもそも妊娠や出産に関する診察や検診、手術などでは健康保険が適用されません。病気ではないためです。それらの費用は、すべて自己負担でおこなうことになります。

　しかし、それでは経済的な理由により出産ができなくなってしまうということで、各自治体が補助をしてくれています。

　全額負担をしてくれる自治体もあるので、妊娠をした際には、お住まいの自治体に確認をしておきましょう。

　なかでも、もっとも大きな金額は、やはり出産費用です。**分**

娩費用に入院費用など、40万円前後のお金が必要となります。

　どの病院で分娩をするのか、入院の部屋を個室にするのかどうかなどでかかるお金は変わっていきますが、これも**出産育児一時金という給付制度により補填**がされます。

　令和4年までは42万円だったこの一時金は令和5年4月より50万円に引き上げられ、それほど負担がなく出産をすることができるようになっています。

　なお、帝王切開の場合には、入院日数が自然分娩よりも長くなり、手術費用も高額になります。

　こればかりはお腹のなかの赤ちゃんが大きくなっていってからでないとどうなるかはわかりませんが、帝王切開になった場合には、ある程度のお金は確保しておきましょう。

　ただ、帝王切開の場合には生命保険の対象となることもあり、保険の受け取りモレがないようにしましょう。

　もしくは、**これから妊活をしていくという方、もしくは妊活中の方は、いまのうちから帝王切開に備えた生命保険に加入しておくのもひとつの手です。**

　妊娠後では生命保険に入ることは難しいため、妊娠をする前に備えておきましょう。

　このように、出産に関して**手出しのお金はそれほど多くはありませんが、一時金を受け取るタイミングなどを考えると、出産費の全額を自己負担しておけるくらいのお金は持っておきたいところ**です。

　出産を考えられている場合、夫婦でそのための貯金を50万

円程度は確保しておきましょう。

全額使うことはないかもしれませんが、その後の育児のことを考えると、貯めておいて困ることはありません。

領収書は保管しておこう

また、妊娠や出産をした場合に、やっておいてほしいことは領収書の保存です。

その年で、医療費が純額10万円以上かかった場合、医療費控除という税金が軽くなる制度を受けることができます。

妊婦健診や検査の費用、通院の際の公共交通機関の交通費や病院に対して支払う入院中の食事代など、それらの費用の合計額が10万円を超える場合には、チャンスがあります。

年収次第では、10万円を超えなくても医療費控除の対象となることもあるので、とにかく領収書は残しておいてください。

お金がなくて、子どもが欲しいけど産めないということにならないように。大切な新たな命を守っていくためにも、早いうちからお金と向き合っておきましょう。

講義メモ

さまざまな補助はあるが、念のため出産資金として
50万円は確保しておく

子育ては「愛」と「お金」のシーソーゲーム

　双子が生まれてからというもの、私の生活は一変しました。
　朝から夜まで仕事だらけだった私は、その生活スタイルを180度変え、家族中心の生活となりました。
　仕事を月の半分に抑え、残りの半分を育児に充てていきました。夜の会食はすべてやめて、夜に家をあけることは片手で数えるほどまでになりました。
　このような生活スタイルにした理由は、我が子たちがかわいすぎたからです。**いましかないこの赤ちゃんの期間を一緒に過ごさないと後悔をすると思ったため、自営業でありながら、育児休暇を取っているかのような生活をはじめました。**

　「世の中の多くの女性はこれをひとりでやっているのか、すごすぎる」と思うほど育児は大変でした。とくに双子の育児は壮絶な大変さでした。仕事をしているほうがラクなくらいです。
　でもその分、育児を通して私自身が大きく成長をさせてもらいました。
　おむつ、ミルク、服、食事、おもちゃ、絵本など、子育てにはお金がかかります。節約をすれば、抑えられるものは抑えられるのでしょうが、お店でかわいいおもちゃや服を見つけると、

思わず買ってしまったりするものです。

　子どもには我慢をさせたくないと、ついついあまくなり、買ってしまうこともあることでしょう。実際に私もそうです。

　さらには、子どもが成長をすれば、広い家が必要になったり、塾や習いごとなどの教育費がかかったりと、**いくらお金があっても足りないくらいです。**

　まさしく、愛とお金のシーソーゲームと言ってもいいかもしれません。

すべて公立で850万円、すべて私立だと2200万円

　とくにこの教育費は非常に大きな金額がかかってきます。
　簡単な事例で見ていきましょう。

　たとえば、あなたが26歳で結婚をし、28歳で出産をしたとしましょう。
　子どもたちを大学まで行かせたとして、その大学を卒業するまでの22年間の教育費はいくらかかるでしょうか？
　子どもが大学を卒業するときには、あなたは50歳です。28歳から50歳までに、必ず教育費としてかかるお金です。

　文部科学省が公表をしている令和3年度の「子供の学習費調査」によると、**幼稚園（3歳）から高校（18歳）までの15年間、すべて公立で通った場合には、600万円ほどの教育費がかかり**

ます。

　なお、すべて私立だった場合には、1800万円ほどにまで跳ね上がります。

　さらに、ここに大学の費用が上乗せされます。文部科学省のほかのデータ「国公私立大学の授業料等の推移」によると、**4年間の授業料及び入学金の平均の合計額が、国公立大学で250万円ほど、私立大学で400万円ほどかかります。**

　これらを合計すると、**すべて公立系だった場合には850万円ほど、すべて私立系だった場合には2200万円**ほどになります。

　このお金を備えておかないと、お金を理由に子どもにいい教育を受けさせてあげられなかったり、子どもの可能性を狭めてしまったりしてしまうのです。

　奨学金や教育ローンを活用すれば、まとまった貯金がなくても教育を受けることはできますが、それらで補えない場合には、お金を用意しておく必要があります。

　どんな人生を歩むのかは子どもの自由ではありますが、その子どもの可能性や選択肢を増やしてあげるためにも、親としてある程度のサポートはしておきたいところです。

　そのためには、しっかりとお金を準備してあげなければならないのです。

　そして、その備えは貯金だけでなく、投資を活用したり、収入を増やす努力をしたりで、お金の知識を身につけたなかで最

適なものを選び、選択していきましょう。

　子どもの未来のために、お金が必要なときにお金に困らなくて済むように。将来、親孝行してもらえる親であるためにも、親ができる準備をしっかりとしておきましょう。

　さて、プライベートにまつわるお金の話が続いたところで、次は仕事にまつわるお金の話をお伝えしていきます。
　どれだけお金の知識を身につけたとしても、結局は入ってくるお金である収入をどうにかしないと使いようもありません。
　投資の知識が豊富でも、投資をするお金がないと、お金を運用させることはできませんから。

　そのため次の講義では、仕事とキャリアについて、お金のことを絡めながらお伝えをしていきます。
　終身雇用制度が崩壊し、多様な働き方が認められる現代。そんな現代だからこそ、学んでおきたい新しい仕事とお金の常識を身につけていきましょう。

講義メモ

22歳まで私立に通わせてかかる費用は、なんと2200万円

双子の育児は、かかるお金も「×2」に

　本文でもお伝えをしている通り、私は双子を育てています。二卵性の男の子で性格も顔も違うので、同時に兄弟を育てているような感覚です。それぞれ得意なことも好きなことも違うので、育てる親としても楽しませてもらっています。

　2人いるので、かわいさも2倍と言われますが、育児の大変さは2倍どころではありません。

　同時泣きや夜泣きの連鎖、2人同時の抱っこなど、お世話をしていたらいつの間にか1日が終わります。妻とともに、毎日がむしゃらに育児をおこなっています。

　大変なことはそういうお世話の部分だけでなく、経済面もです。ミルクやおむつの量も2倍です。保育料も2倍で、今後の進学や習いごとなども2倍かかってくることでしょう。それも同時に、です。

　そのため、ある程度の経済力がないと双子は育てられないのかなと思っています。

　チャイルドシートも同時に2台買いました。ベビーカーは2人乗りのものなので1台ですが、普通のベビーカーよりも金額は高いです。

もはや、お金はかかるものと思っています。自分が幼少期に不自由な思いをした分、子どもたちにはできるだけそういう想いをさせたくないと思っているので、必要なものにはしっかりとお金をかけていくつもりです。

　でもじつは、そうやって子どもたちのためのお金がかかることは、ありがたいことでもあります。この子たちを育てるためだったらどれだけでもがんばれるので、そういう存在がいてくれることは本当にありがたいのです。

　きっと、この子たちがいなければこれだけ仕事もがんばれていなかったと思うので、「何のためにがんばるのか」という部分と同じくらい、「誰のためにがんばるのか」ということも大事だなと感じています。自分の私利私欲のためだったら、がんばれないですから。

　先ほど、出産と同時にライフスタイルを変えて月の仕事を半分にしたとお伝えしましたが、不思議なことにその年の収入は、前期の2倍以上になりました。
　時間が限られたからこそ、その時間の使い方を見直し、生産性を高めたことで成果も上がっていたのだと分析しています。
　これからも妻と子どもたちとの幸せな家庭を守り続けるためにも、私自身、お金と向き合い続けたいと思います。
　あなたも愛する人や子どものために、お金といいつき合い方をしていきましょう。

第 8 講

仕事とキャリア

あなたの年収は、あなたのまわりにいる5人の平均になる

「あなたの年収は、いまいくらですか？」
「あなたはいくらの年収を目指しますか？」

　収入を上げるためにいろいろな勉強をしたり仕事をがんばったりすることは大切です。でも、そのなかでもとくに気にかけてもらいたいこと。
　それはあなたが身を置く「環境」です。
　なぜなら、あなたの年収はあなたのまわりにいる5人の平均値で決まってしまうからです。

　日本のことわざで「朱に交われば赤くなる」というものがあります。これは、人はまわりの影響を無意識のうちに受け、いつの間にかそのまわりの人のようになるというたとえです。
　進学クラスにいたら自然と勉強するようになったり、おしゃれな人たちといたら自分もおしゃれになったりと、私たちはまわりにいる人の影響を多く受けます。

　アメリカの有名な起業家であるジム・ローンも「5人の法則」というものを提唱しており、この法則では「人は自分のま

わりの5人の平均になる」と言っています。

そして、これは「収入」も同じです。
つまり、あなたの年収は、あなたのまわりにいる5人の平均年収となるのです。よくも悪くも。

年収400万円を目指すか、年収1000万円を目指すか

たとえば、あなたがいつも仕事をする人やいつも一緒にいる人の年収が400万円だとしましょう。
すると、その人たちが考えることや言っていることがあなたにとってのスタンダードになります。
仕事へのスタンスや情熱、学びの意識、休みの日の過ごし方など、年収400万円思考が積み重なっていきます。

一方、デキる上司や経営者、うまくいっている起業家など、年収1000万円の人たちをまわりに囲んだら、どうなるでしょうか?
毎日読書をすることは当たり前、仕事のグチは言わない、仕事と休みのメリハリがある、全力でお客様と向き合う……など、年収1000万円を稼ぐだけの仕事をし、それが当たり前におこなわれる環境となります。
このような環境で過ごしていると、あなたもその影響を受け、同じ考え方やスタンスで仕事をするようになります。
そして、その後あなたの年収も、そのまわりの人と同じくら

いになっていくのです。

もちろん、400万円の年収がダメだと言っているわけではありません。
その年収400万円があなたの目指している理想の年収であれば問題ないですが、もしそうでないとするならば、その環境をテコ入れする必要があります。

私は会社員のころ、入社した会社がベンチャー企業ということもあり、私が社員第一号でした。そのため、直属の上司が社長で、常に社長の隣で仕事をしていました。
厳しい指導を受ける機会も多かったですが、そのおかげでレベルの高い仕事をすることが当たり前になり、それはその後に大きく活きました。

税理士になってからは、多くの出会いのなかで、ひとまわり上の人たちと一緒にいる機会も増え、その人たちのいい影響をたくさん受けさせてもらいました。
起業をしたいまもなお、まわりの仕事仲間やお客様から多大な影響を受けています。

大人であれば、自分の環境は自分で選ぶことができます。
あなたのまわりの5人は、あなたが選ぶ「スタメン」です。
監督になった気分で、1人ずつからでいいので、理想の自分になれるように一緒に過ごす人たちを選んでいきましょう。

　自分を変えることは難しくても、環境を変えることは難しくありません。

　環境を変えたあとは一時的に違和感があるかもしれませんが、その違和感を乗り越えた先に、新しい自分が待っています。

　あなたがいまよりも年収を上げていきたいのであれば、まずは環境を整えることから、はじめてみてください。

講義メモ

身を置く環境で、仕事の結果は決まる

35歳までに、
いかにスキルを磨けるかが勝負

　戦後、ボロボロだった日本がわずか20年で先進国となれたのは、高度経済成長があったからです。

　この高度経済成長を支えていた仕組みが「終身雇用制度」です。終身雇用制度とは、一度その企業に入ったら、定年で辞めるまでその企業に勤め上げるという仕組みのこと。

　これにより、福利厚生や給与のいい大企業にいい人材が集中しました。そして、大企業は世界と戦える事業を育てていったのでした。

　しかし、最近では、この終身雇用制度が崩壊しつつあります。**多様な働き方が受け入れられていることで、「この会社で定年まで働こう！」と思って企業に入る若者はわずかです。**

　いまや転職サイトなどで誰でも簡単に転職ができる世の中。転職をすることがめずらしくない価値観となりました。これにより、終身雇用制度が成り立たなくなっています。

　転職は誰でも考えられることです。

　それほど特別なことでもないのです。

　実際に新型コロナウィルスのパンデミックが起こる前は、右

肩上がりで転職者が年々増加していました。

　厚生労働省が公表している「令和4年版労働経済の分析」によると、2010年に年間283万人だった転職者は、その年から年々増加し、2019年には353万人となりました。

　2020年からは新型コロナウィルス感染症の影響により転職どころの世の中ではなくなったため減少となりましたが、これからはまた元に戻り、転職者が増えていくと予想されます。

　転職をする人の理由としては「いい条件の仕事を探すため」というものがほとんどです。

　不景気になってくると、会社が倒産をしたり事業不振による事業縮小をしたりということもあるので、勤めている会社の経営次第では、転職をしたくなくても転職を求められることもあることでしょう。

　また、いまの仕事が合わなかったことによる転職も考えられます。それらも、転職が受け入れられる世の中になったことでしやすくなりました。

　では、もしもあなたが人間関係や労働環境、給与、そして働き方の変化などにより、ほかの会社へ転職したいと感じたとき、どのタイミングで転職をするのがベストなのでしょうか？

転職のベストなタイミングとは

　転職市場では「35歳の壁」というものがあります。

これは、20代から30代前半までは転職をするチャンスが豊富にあるのに対して、35歳からはそのチャンスが大きく減ることを表しています。

　その理由としては、雇用する側にとっても、年齢と経験から、その転職者を受け入れるリスクが高いことや、そういう人を受け入れるポジションが社内に少ないことが挙げられます。

**　つまり、35歳までが転職のラストチャンスだということです。**

　ただし、優秀な人にとっては関係ありません。優秀な人は何歳になっても、転職することができます。

　そのため、35歳まであと10年という期間のある26歳の時点で、ある程度のキャリアを考えたうえで早めに準備をしておいたり、35歳を超えても転職の選択肢を残しておけるようにいまのうちからスキルを磨いたりしましょう。

**　準備期間のある26歳のいまだからこそ、できる準備をしておく必要があるのです。**

　転職のタイミングとしては「**この会社で働いている未来の自分をイメージできなかったとき**」をひとつの判断材料としてください。

**　年収などの条件だけで決めるとほぼほぼ失敗します。お金のことで釣るしかない企業は、そういう社員たちが集まってしまうからです。**

　お金は最低条件だけを頭に入れて、転職を判断する際には、仕事をする環境や今後の伸び代など、お金以外の部分をこだわ

るようにしましょう。

　そして、それらの条件がいまの会社を上まわったときだけにしましょう。

　せっかく、いまその会社に雇用をしてもらえているのであれば、無理にギャンブルな選択をする必要はありません。

　転職のいいところは、いまの仕事と比べながら次の仕事や会社を決められるところです。じっくりと考え、年齢やキャリアのことも踏まえながら、選択するようにしましょう。

講義メモ ✎

「この会社で働いている未来の自分を
イメージできなかったとき」は転職を視野に入れる

会社員は、魅力的

　最近は、起業をすることが一種のブームとなっています。

　インターネットやSNSが繁栄したことにより、起業がしやすくなったこともひとつの要因でしょう。

　フリーランスとして働く人たちも増え、カフェなどで仕事をするノマドワーカーも多くいます。

　起業ブームの副作用として「会社員はダメだ」という考え方が浸透しつつもあります。

　しかし私はそうは思いません。

　会社員という働き方は、すばらしい選択のひとつです。

　私は税理士として仕事をするなかで、多くの起業家の方と向き合います。

　その起業家の方たちの数字を見る機会も多いですが、皆が皆うまくいっているわけではありません。

　会社員として働いたほうがよっぽど豊かな生活ができる人たちもいます。

　それでも皆さん、起業をしてがんばっているのです。叶えたい夢があったり、実現したい世界があったり、起業をすること

でしかできない仕事があるからです。

　そして、それは会社員も同様です。
　起業をすることでしかできない仕事があるのと同じで、会社員でしかできない仕事もたくさん存在します。

　たとえば、複数人との協力が必要な仕事は、仕組みができあがった会社でおこなうと一番スムーズです。
　会社でチームを組んで、得意な人が得意なことをおこないながら、指示をする人がマネジメントをするスタイルです。
　営業担当、経理担当、指示担当、企画担当、雑用担当など、いろいろな役割を分けて、それぞれが能力を使いながら、いい仕事ができるのは、会社という組織で働いているからです。

　先輩から仕事を教えてもらえるのも、会社員でないと難しいことです。
　社員研修なども、お金をもらいながら勉強をすることができるのは会社員の特権と言えるでしょう。

　会社員であれば、自分がミスをしたときや体調不良で休んでしまったときは、ほかの人でカバーをすることができます。
　起業をしていると、これは自分で解決しなければなりません。
　そういうチームプレイができることは、会社員として働く魅力です。
　起業家同士でコラボをして、チームプレイをすることも可能ですが、組む人が増えれば増えるほど方向性がブレたり、意見

が対立したりして、うまくまとまらなかったりするため、意外と難しいものです。もめてぐちゃぐちゃになるケースもよく見受けられます。

自由と安定のはざまで、働き方を考える

　給与も「安定」しています。
　ただ、「安定」という言葉はいいイメージがあるかもしれませんが、下がりにくいからこそ、上がりにくいとも言えます。

　自分の仕事での売り上げが全部もらえるわけではありません。会社を運営するためにかかるお金にまわしたり、研修中の新入社員たちの給与になったりと、仕事ができる人ほど収入面におけるコストパフォーマンスは悪くなります。

　それでも安定はしているので、突然給与がなくなることもなく、安心と言えば安心です。
　自由がないからこそ制約があり、その制約が苦でなければ、会社員として働いていくこともいい働き方のひとつです。

　私は、この制約が自分の価値観とズレていたため、起業という選択を取りました。その分、起業によるリスクを受け入れ、そのリスクを超えるリターンを得るために、仕事と向き合っています。

　あなたが会社員として生きていくなら、その会社から大事にされる存在でいられるくらい、いい仕事をし続けましょう。

　会社員でしかできない仕事を、プライドを持って、取り組んでいってください。

講義メモ ✏

会社員には会社員ならではのメリットがたくさん

副業で得られる、お金以外の3つのメリット

　これからも会社員として働こうと思っている人も、いつかは起業をしたいと思っている人も、共通して挑戦してもらいたいこと。

　それが「副業」です。

　副業にはメリットがたくさんあります。

　ここでは大きく分けて3つ、お伝えしていきます。

　この場合の副業は、アルバイトではなく自分で事業をすることを指しているので、副業として「プチ起業」をしたつもりで読み進めてみてください。

　1つめは「起業家マインドが手に入る」ということです。

　会社員として働いていると、どうしても会社員マインドになります。

　会社員マインドになると、本当の意味でお客様のことを考えて仕事ができなかったり、経営者の考え方が理解できなかったりします（会社員を否定しているわけではなく、便宜上「会社員マインド」という言葉を使用しています）。

　そして、そのマインドではいい仕事をすることは難しいため、会社としてもあなたのことは評価できません。

そんななか、副業をすると経営者の気持ちを知ることができます。これまで何も考えずに自分の仕事だけをしていたのが、副業をすると、自分で請求書を発行したり、経理をしたり、営業をしたりと何でも自分でしなければなりません。

それらの面倒な仕事をすることで、会社のありがたみもわかり、直接お客様と仕事をする感覚も磨かれます。上司や同僚のことなどを気にする必要はありません。

これはなかなか自分で事業をしないと磨かれないので、いい学びとなります。

2つめに「自分のスキルが上がる」ことです。

仕事としてお客様に商品やサービスを提供することで、自然と自分のスキルが上がっていきます。やはり、勉強したことと実務でおこなうことは全然違います。

実務で得られる経験を深めていくためにも、まずは副業で多くの実務経験を積んでいきましょう。

そうやって経験を積んでいくことで、自然と自分のスキルも上がり、インプットの質も上がっていきます。

その上がったスキルはさらにその後の副業で活かしたり、本業で応用できたりするので、いい相乗効果が生まれていくことでしょう。

3つめが「税金の優遇が受けられる」ことです。

会社員として働いている場合、書籍の購入代やスキルアップの勉強代などを支払ったからといって税金が安くなることはありません。

しかし、これが副業として自分で事業をしていた場合は、収入との結びつきを証明できれば経費にすることができます。

　経費にすることができれば、その分、副業での収入の納税をまっとうに軽くすることができ、賢く使えるお金を増やすことができます。

副業はローリスクハイリターン

　このほかにも、副業にはいくつかのメリットがありながら、そのデメリットはほとんどありません。

　物販のために大量にモノを仕入れたり、怪しいビジネスに手を出したりしなければ、副業をやっていくことにほぼリスクはありません。そんなローリスクでハイリターンの副業をしないことは非常にもったいないです。

　無料のアプリゲームのように「とりあえずやってみる」くらいの軽い気持ちではじめてみて、やっていくうちにその楽しさややりがいに気づき、実力を高めていきましょう。

　いまの収入やお金を増やすために副業をするのではなく、人生トータルでの収入やお金を増やすために、副業をしていきましょう。それが、いまの時代だからこその新しい仕事の常識であり、仕事観と言えるでしょう。

　さて、新しい仕事とお金の常識、そして副業についてお伝え

をしたところで、次は「起業」についてもお伝えしていきます。

　会社員という働き方を選んだ人にとっては、起業の知識は関係がないと思ってしまうかもしれません。

　しかし、あなたのパートナーがプチ起業をするかもしれません。あなた自身も自分で事業をはじめるかもしれません。未来の自分は大きな会社を経営するかもしれません。

　そのため、いつかのときのために知識だけでも身につけておきましょう。

　起業や副業などの仕事のことを考えることは、入るお金のことを考えることになります。

　入るお金を増やせば増やすほど、あなたの幸せのために使える自由なお金を増やしやすくなります。

　その自由なお金を増やしていくためにも、お金の稼ぎ方についてもしっかりと学んでおきましょう。

講義メモ ✏️

副業で「起業家マインド」「仕事のスキル」「税金の優遇」が
手に入る

第 9 講

起業と副業

お金を稼ぐって、
めちゃくちゃシンプル！

「お金を稼ぐ」ことは意外とシンプルです。

あなたが持っている資産（有形または無形）と、それが欲しいお客様のお金を交換することで、稼ぐことができます。

どれだけあなたがいい資産を持っていても、誰にも欲しいと思われなければお金に変わることはありません。

一方、どれだけお客様が欲しがっていても、その資産をあなたが持っていなければ、それを売ることはできません。

つまり、あなたが持っている資産を欲しがっている人に届けるか、欲しいと言ってもらえるように持っている資産を磨いていくことでしか、お金を稼ぐことはできないのです。

これは起業家であろうと会社員であろうと、同じです。

どちらも自分が持っている資産をお客様や会社に提供をすることで、お金に変えているのです。

たとえば、あなたがコンビニ店員で、時給1000円でアルバイトをしているとします。

このとき、あなたは自分の時間や労働をコンビニ側に差し出

すことによって、その対価としてお金（給与）を受け取ります。

労働力が欲しいコンビニと、お金が欲しいあなたの、資産の交換がおこなわれています。

では、あなたがコンビニでのアルバイト歴10年のベテランだったら、そのときの時給は1000円のままでしょうか？

これは、ほとんどの場合で同じではありません。

受け取れるお金は増えます。

差し出す資産が「時間」や「労働」だけでなく、「知識」や「経験」なども含まれるようになるからです。

どれくらい増えるかは、そのコンビニ側次第ではありますが、初心者の方と比べると確実に金額は異なります。これは差し出す資産が異なるからです。

そして、この考え方はアルバイトだけでなく、正社員でも起業家でも同じです。

あなたが差し出せる資産を、会社やお客様が欲しい金額で買い取ることで、その資産はお金に変わっていく。

だからこそ、世に求められている資産を多く持っている人は、その分だけその資産をお金に変えることができます。

あなたが起業をしている場合には、提供している商品やサービスも、細分化すれば、資産の集合体と言えます。

アイデアや知識、経験などを詰め込んだものが商品やサービスになるので、どんな人であっても資産とお金を交換することによって、お金を稼いでいるのです。

経験が少ない20代でも、
「時間」という資産は提供できる

　20代などの人生の最初のほうは、まだまだ提供できる資産が少ないかもしれません。しかし「若さ」と「時間」は、人生の先輩方よりも多く持っています。

　私も20代前半は、とことん「時間」という資産を投下し、お金を稼げる資産になるための努力をしていました。

　わかりやすいところでいくと、時間を投下して税務知識を身につけたことで、お客様からの税務相談に乗り、お金を稼ぐことができています。

　売れるような資産がまだない人は、まずは売れる資産を身につけるところから。

　売れる資産がもうすでにある人は、その資産をさらに高値で売れるように磨いていきましょう。

　そうすれば、いずれその資産はお金へと変わり、またその手に入れたお金であなたは自分が豊かになる資産へと交換していき、さらに幸せになっていくことでしょう。

講義メモ

相手の欲しいものを自分が提供できれば、それはお金になる

頭のいい成功者は、仕組みで稼ぐ

　世の成功者と言われる方たちは、このように資産を交換するなかで、ほぼ必ずと言っていいほど「仕組み」をつくります。

　たとえばYouTubeの場合には、GoogleがYouTubeというプラットフォームをつくり上げたことで、半自動的に「広告収入」が入ってきます。
　YouTubeという資産があることで、常にその資産の使用料としてお金を稼ぐことができているのです。

　ただ、当然「仕組み」をつくるだけでは、お金にはなりません。その仕組みが世のニーズを汲んでいなければなりません。

　いまや「出会い」の手段のひとつとして当たり前になったマッチングアプリも、「気軽にパートナーと出会いたい」という若者のニーズを汲んだ仕組みをつくったことで、あれだけ世に浸透をしました。
　マッチングアプリのなかでもいろいろな種類が存在しますが、一番使いやすいものに人は集まり、その運営元の会社は儲かっていきます。

世に求められた仕組みをつくったことで、その仕組みがお金に変わっていったのです。

　また、身近な仕組みの代表格としては「会社」という組織もそうです。
　社会人の皆が皆、起業をしたいわけではありません。
　会社員として、誰かのサポートをして働きたかったり、それほど責任を負って働きたくなかったりする人もいます。
　その人たちの力を借りられるように会社があり、起業をする人が起業をしない人とチームを組んで仕事をしていくのです。

　当然、この場合、その会社の業績がよくなったときに、もっとも得をするのは社長です。
　仕組みをつくった側の人間が大きな利益を得るのです。
　それは、そうなるように仕組みをつくるので当たり前の話です。**その仕組みをつくるまでの労力や知識はとんでもないものですから。**

　オーナー業と言われる働き方は、まさしくこれを突き詰めたものです。
　お金と知識という資産を出して、仕組みをつくり、その仕組みのなかで自分以外の人たちに働いてもらうことで、利益を得ていく方法です。
　うまくハマれば、自分が動かなくていい分、不労所得になり、自由な生活を手に入れることができます。

しかし、皆が皆、目指せばいいというものでもありません。

そういう働き方が理想なのであれば、目指せばいいだけです。

ビジネスオーナーにならなければ幸せになれないわけでもありません。労働をするというのも大事なことです。

どういう働き方をしたいかで、お金の稼ぎ方や働き方は決めればいいのです。

あなたの持っている資産は、何ですか?

ルールは同じです。

労働収入だろうがオーナー収入だろうが、「資産とお金を交換する」という絶対原則は変わりません。

自分の資産を使って、どのようにして多くのお金と交換をしてもらえるのかを考えるようにしましょう。

「考える」ということも資産のひとつです。

先ほどのコンビニバイトの事例でもあった通り、同じアルバイトでも、知識や経験を加えることで受け取れるお金が変わります。

あのケースで経験者が「自分はコンビニバイトは初めてです」と言っていたら、時給は1000円のままです。

コンビニ側がその経験に魅力や価値を感じていなければ、時給が上がることはありません。

どのようにすれば自分の資産の価値が上がるのかは、頭ひと

つで変えることができます。

　自分の資産を高値で売れる賢い人であり続けましょう。それが人生を豊かにしていくための、小さなコツです。

講義メモ

自分の資産を高値で売れる方法を考える

給与以外で、1万円を稼ぐ体験をする

　あなたは会社員としての給与以外で、お金を稼いだことがあるでしょうか？

　これまで、お金を稼ぐということの定義についてお伝えをしてきましたが、それを理解するためには実践をしていくしかありません。**お金を稼ぐという感覚は、やってみることでしか身についていかないのです。**

　たとえば、あなたが1万円を稼ごうとしたとします。

　このとき、あなたはどのようにして1万円を稼ぎますか？

　もっともイメージがしやすいものとしては、時給1000円のアルバイトで10時間働くことではないでしょうか？

　では、そのような給与での収入以外、つまり自分の事業として稼ごうとしたら、どうしますか？

　「自分には無理だ」と答えてしまうかもしれません。

　しかし、全然そんなことはありません。

　どうにかすれば、誰でも1万円は稼ぐことができます。

物販であれば、自宅にある不要品をいくつか売れば、1万円

にはなるかもしれません。オークションで売ってもいいでしょうし、フリーマーケットなどで出店するのもいいです。直売りをする人もいるかもしれません。

　誰かのサポートもできるかもしれません。文章を書くのが得意であれば、ブログを代わりに書いてみたり、単純作業が得意であれば、SNSの運用代行をしてみたり、子どもの世話をするのが好きであれば、ベビーシッターもいいですよね。

「自分で稼ぐ」を経験すると、お金の感覚がガラッと変わる

　このように、何かの方法で1万円を稼ぐことで、お金を稼ぐことの大変さと面白さに気づくことができます。
　すると**不思議なもので、会社員としての仕事でも「これは○○円の仕事だ」と考えることができます。お客様対応で活かせたりもするので、いい影響が起きていきます。**

　給与が上がらないと嘆いていたグチも、実際に自分で稼いでみると「じつは自分は給与をもらいすぎなのではないか？」とさえも思ってしまうくらいです。
　それくらい、お金を稼ぐ感覚を身につけると、お金に対する概念が変わります。
　無料で提供をされているものを見ると「なぜこれが無料なんだろう？」と考えることにもなりますし、そういうところからお金や仕事の流れが見えたりするものです。

お金を稼ぐことはやっぱり大変です。

でも大変だからこそ、お金を使うときに、大切に使うことができます。大変だからこそ、お金を稼げることやお金をいただけることに感謝を感じることができます。

会社員の方はとくに「お金はいつも入ってくるもの」と思いがちですが、そうではなく、誰しも仕事をおこなうことで「お金を稼いでいる」のです。

この感覚があるのとないのとでは、お金とのつき合い方が大きく変わるので、その後の収入や豊かさにも大きく影響をしていきます。

自分のお金に関する感性や価値観を磨いていくためにも、まずは1万円を実際に稼いでみましょう。

そして、その稼いだお金は自分が「幸せだな」と思えるものに使ってみましょう。

この一連の流れを体験すると、その後のあなたのお金の感性や価値観は大きく変わります。 ぜひ一度やってみてください。

講義メモ

物販でも作業代行でもいいから、
まずは「個人で稼ぐ」をやってみる

お金がない経験は、あとで
かけがえのない財産になる

「お金があると工夫をすることを忘れてしまう」

　これは、ユニクロなどを運営する株式会社ファーストリテイリングの柳井正社長の言葉です。

　あれだけ安いのにクオリティの高い衣服をいつも提供してくれるユニクロは、柳井社長のこういうお金にまつわる価値観の元で運営がされています。

　だからこそ、私たちはユニクロでいい服をお手軽に買うことができているのです。

　あなたは、これまでにお金がなくて困った経験はありますか？

　「ある」と答えた方は、その経験は大きな財産となります。

　一般的に、お金があることはいいことです。お金があるということは、それだけ選択肢を増やせるということだからです。

　しかし、一概にそれだけではありません。

　お金がないことにも価値があります。

　柳井社長風に言うのであれば、工夫をする機会を得ていると

言えるのです。

1日500円で過ごした日々があったから、 いまがある

　私自身、貧乏学生時代には1日の生活費の予算が500円でした。母子家庭だったこともあり、母に迷惑をかけたくありませんでした。そのため仕送りももらうことなく、自分で生活をしていました。

　朝から夜まで学校で勉強をし、夜から夜中までファミレスでアルバイトをし、そのアルバイト代で毎月生活をしていました。

　いまとなってはどうやって生活をしていたんだろうと思うほどの収入でしたが、当時はそれでもなんとか生活ができていました。

　パン屋さんで閉店間際に安くなるパンの詰め合わせを買って1日の食事を済ませたり、安いそうめんを買ってきて1週間の夕食のすべてをそうめんにしたり、移動はどれだけ遠くても歩きか自転車だったりと、使えるお金のなかで生活をしていました。

　それこそ、**工夫に次ぐ工夫で生活をしていた**のでした。

　朝から夜まで学校で勉強をしていたのも、家で勉強ができないからではなく、家の光熱費を抑えるためでもありました。

　高校生のときに税理士になるための簿記の勉強をはじめたのも、運動部だとお金がかかるところを勉強だと参考書1冊でな

んとかなったからでした。

　結局、お金がなかったおかげで私は勉強をすることができ、九州最年少で税理士になることができました。当時、お金がなかったことで、いまの自分があるのです。

　いまでも、どれだけお金を稼げるようになっても当時のお金がなかったときの生活を忘れることはありません。
　その影響でムダ遣いをすることはいまでもなく、これからもありません。そして、**お金を大切に扱えるのはこのときの経験があるからです。**

　どうしても親の経済状況だったり、世界の経済状況だったり、まわりの環境でお金がないときもあることでしょう。
　ただ、それは「いま」がその状況だけで、これからの未来はあなた自身で変えていくことができます。
　お金がないという経験を財産として、いまの状況から脱する突破口を見出しながら、お金の不安がない未来を目指していきましょう。
　そのためにも、お金と向き合い続け、いまを大切に過ごしていきましょう。お金がない過去を疎むではなく、お金がある未来にワクワクしてくださいね。

　さて、お金の稼ぎ方やお金の価値観などの「入ってくるお金」についてお伝えしたところで、次は「出すお金」であるお金の使い方について、お伝えをしていきます。

　「出すお金」というと、なかでももっとも重要なのが「自己投資」に使うお金です。

　次の講義では、その自己投資についてじっくりとお伝えをしていきます。

　自己投資を若いうちからはじめられると、その効果を最大限に受けることができます。いまの日常のためにも、これからの人生のためにも、自己投資についての学びを深めていきましょう。

講義メモ

お金がないからこそ、工夫できることがある

<u>カッコいい大人に出会おう</u>

　私は社会人になりたてのころ、「仕事とプライベートは分けるものだ」と思い込んでいました。仕事は仕事、プライベートはプライベートで、という感じでした。

　でも、この考え自体がただの世間知らずでした。

　その当時、ありがたいことにいろいろな出会いに恵まれました。積極的に出会いの場に飛び込んでいきました。

　そして、そこでのご縁で、多くのカッコいい大人と出会うことができました。

　夫婦で高め合いながら仕事をしている方、出張と家族旅行を掛け合わせて家族ぐるみで仕事をしている方、友人が仕事仲間であり、仕事仲間が友人という、仕事とプライベートの垣根がない方など——。

　リアルにそんな働き方をしている人たちを見て、あこがれるのと同時に、そんな世界があるのだと価値観をアップデートさせてもらいました。

　そのおかげで、いまの自分のライフスタイルがあります。

　仕事とプライベートは分けるものだと思っていた私が、いまでは妻に仕事を手伝ってもらい家族で旅行をしながら仕事したり、友人と仕事をしたりしています。不思議なものです。

　だからこそ、あなたもどんどんとカッコいい大人と出会って、

仕事の価値観をアップデートさせていってください。

　学校では、仕事の価値観と言えば会社員か公務員くらいしか教えてもらえません。先生たちもそれしか知らないからです。
　ただ社会には、本当に多くの仕事があり、いろいろな働き方をされている方がいます。
　あなたにどのような仕事が合っていて、どのような働き方をおこなっていくのかは、情報がないと目指すことができません。
　そのため、まずは身近な人からでいいので、キラキラと楽しそうに仕事をしている人や、理想的な働き方をしている人たちと出会うことをしてみてください。
　きっと、そのような人たちは、あなたにいろいろな価値観を与えてくれることでしょう。
　そして、あなたもその価値観を拒否するのではなく、自分のなかに受け入れてみてください。

　そうやって仕事の価値観をアップデートさせていくことで、あなたの5年後、10年後は大きく変わっていくことでしょう。

　あなたの未来をつくるのは、あなたの今日の一歩から。
　カッコいい大人たちから、新たな自分を探すヒントを受け取ってくださいね。

第10講

自己投資

支出は「消費」「浪費」「自己投資」に分ける

　私たちが普段お金を使うときに、その使い方は大きく分けて3つのパターンに分かれます。

　「消費」「浪費」「自己投資」の3つです。

　このそれぞれの割合がどうなっているかによって、あなたの人生は決まってしまいます。

　それくらい、お金の使い方には、その人の未来が表れていきます。

　あなたは、どのような割合でお金を使っているでしょうか?

　まずは、それぞれがどのようなものなのかを見ていきます。

「消費」「浪費」「自己投資」の理想の割合は?

◉消費

　これは生活をするうえで最低限、欠かせない部分のお金です。

　家賃やスマホ代、食費、ネット代など、あなたが生活をする際に支払う必要のあるお金になります。

　この部分は節約で削ることはできますが、過度な節約は悪影響になることもあるので、消費のお金をしっかり稼いでおこうという認識でいるようにしましょう。

　生活レベルを上げていけることはいいことです。守るべき存在が増えれば、当然消費の金額も増えていきます。大切なことは、消費の金額よりも稼げる自分でいることです。

　自分の生活レベルを、自分の収入を踏まえながら調整をするようにしましょう。

　このバランスが崩れると、お金がまわらなくなったり、収入が下がったりしていきます。

　目安の割合としては、手取り額の70％から80％を「消費」にできると、ベストでしょう。

◉浪費

　これはいわゆる「ムダ遣い」のことを言います。

　そのため、減らせるならゼロにしたい部分のお金です。

　お金を引き出し忘れてしまうことで発生した時間外のATMの手数料、つけっぱなしのクーラー代、暴飲暴食の食費、利用をしていないサブスク、過度な生命保険料など、意識をして減らしていかないと浪費のお金は増えるばかりです。

　ただ、何を浪費と捉えるかはあなた次第です。

　たとえばタバコをやめたいのに吸っているなら、そのタバコはムダ遣いになりますが、タバコが好きで吸っている場合にはそれはムダ遣いではありません。お酒やギャンブルなども同様です。

　自分が買っても意味がないなと思ってしまっているもの。

それがムダ遣いであり、減らせば減らすほど、あなたが使えるお金は増えていきます。

　浪費以外のお金を増やすためにも、少しずつ浪費を減らし、浪費ゼロを目指していきましょう。

◉自己投資

　これは、あなた自身の価値や魅力を高めるために使う部分のお金です。

　そして、豊かな人生や、幸せな人生には欠かせない部分のお金です。

　資格取得のための勉強代、自分磨きのための美容代、人脈形成のための交流会やコミュニティへの参加費、感性を深めるための旅行代、知識を得るための書籍代など、自分自身を高めるお金が自己投資です。

　自己投資にお金を使い、行動や環境を変えていくと、あなたの人生は変化していきます。それくらいインパクトのあるお金の使い方が自己投資です。

　当然、この自己投資の割合を高めれば、あなたの人生は理想に近づけることができます。

　豊かな人は皆、この自己投資を欠かしません。

　なぜなら自己投資をしないと、豊かな自分でいられないことを知っているからです。

　いい自己投資をすることなく、豊かになることはあり得ないのです。

　割合としては、まずは手取り額の10％を目指していきましょう。理想は20％です。

　そして、残ったお金は貯金や投資にまわしていきましょう。

講義メモ ✏️

支出を「消費」「浪費」「自己投資」に分けて、
それぞれにいくら使っているかチェックしてみる

自己投資は「20%ルール」で

　自己投資の目安の割合である20%は、世界的トップ企業であるGoogleがおこなっている「**20%ルール**」の考えを応用したものになります。

　20%ルールとは、おもに仕事のやり方や時間の使い方などで応用される考え方で、仕事の一部の時間（20%くらい）を興味のある分野の研究などに充てることで、通常の仕事では得られないクリエイティブな成果が生まれるというものです。

　たとえば、GoogleのGメールや私たちがよく使う付箋などは、この20%ルールのなかから生まれたと言われています。

　時間を区切り、その時間のなかでアイデアを練り上げることで、通常の仕事をしながら、新しい仕事を生み出すという手法がこの20%ルールです。

　この考え方を自己投資にも応用すると、効果的に自己投資に取り組むことができます。

　20%となっている理由は、20%くらいに留めておかないと、ほかの仕事に影響が出るからです。

　いつもの仕事はいつもの仕事でしていかないと、企業自体が

成り立ちません。

　そこで仕事のなかで、通常の業務をする時間と新しいものを生み出す時間を分け、通常業務に影響の出ない割合を20％と定めているのです。

　これが自己投資の場合には、リスクという側面で考えることができます。

　自己投資でお金を使うと、シンプルにお金が出ていくので、いま目の前のお金は失います。そのため、自己投資自体にリスクを感じてしまう方も多いことでしょう。

　実際に自己投資をおこなってもうまくいかなければ、その自己投資は思ったような効果が出なかったということになります。効果が出ないくらいなら、自己投資をせずに、貯金をしたいと思う方も多いでしょう。

　しかし、それではうまくいくものもうまくいきません。
　自己投資をするという小さなリスクを取らない限り、その自己投資の効果を得ることはできないのです。

　そこで、この20％ルールです。
　使うお金のうち、自己投資の割合を20％以内に抑えることで大火傷を負うリスクは下がります。リスクを取ることは大事なことですが、リスクを取りすぎる必要もないのです。

　自己投資だと思ってはじめたものがじつは詐欺商品や怪しいビジネスで、お金が搾取されてしまうということもよくあります。

大切なお金をそのようになくしてもらいたくはないので、自己投資の20%ルールを厳守して、おこなっていきましょう。

　もしも20%ルールを超えて自己投資をしたいものが出てきた場合には、一旦立ち止まり、本当にそれが必要な自己投資なのかを入念に考えましょう。

20%を超える場合は、覚悟が必要

　自己投資は、金額を増やせばうまくいくというものでもありません。
　大きな金額の自己投資をしたい場合には、最大、年ベースで20%ルールに反していないかを確認し、20%を超える場合には、覚悟を決めて本気で取り組むようにしましょう。

　ただし、あまり20%を超えて自己投資をすることはオススメしません。まずは20%ルールの範囲内で自己投資をしていき、その自己投資の成果を出すことで、結果的に収入を増やすことができます。
　すると、20%を乗じる分母が大きくなるので、20%の割合そのままでも、自己投資の金額は増やすことができるのです。

　また逆に、20%に満たない自己投資も危険で、使えるお金のうち20%は自己投資に充てられるように、家計を見直していきましょう。

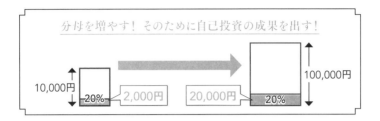

「手取り額の20％は自己投資に充てる」というのが自己投資の20％ルールです。このルールを守り、自己投資をすることを仕組み化しながら、オートマチックに自己投資をしていきましょう。

「そうは言っても、いまはお金がないから自己投資になんてまわせないよ……」

そんなふうに思ってしまった方は要注意。
自己投資は、お金がないときにこそ効果が増していき、若いときにこそ積極的にやったほうがいいのです。

むしろ、お金がない20代の時期にする自己投資の効果は「最強」です。若いうちから自己投資をおこなわないと、知らないうちに損をしてしまうのです。

講義メモ

自己投資に充てる金額は、手取りの20％がベスト

20代の自己投資は、最強

もし、自己投資をしなかったら、どうなるでしょうか？

簡単です。いまの生活がキープされ、その延長線上の未来が来るだけです。

その未来は劇的に輝かしい理想の未来ではなく、ただ、いまを積み重ねた未来です。

理想の未来への歩みを進めている人には理想の未来が待っていますが、いまを積み重ねているだけでは、年齢を重ねたいまの生活が未来で待っているだけです。

それでもいいというのであれば、それもいいかもしれませんが、本書をここまで読み進めた賢明な読者のあなたであれば、それは理想的ではないはずです。

では、どうすれば未来を理想の未来へと変えることができるのでしょうか？

そのカギが「自己投資」なのです。

自己投資をすることで、いまの自分をパワーアップさせることができるので、あなたの未来は変化していくのです。

たとえば毎月1冊、1500円でビジネス書を買い、その本に書

いている内容を仕事で実践し続けたとしましょう。年間12冊、書籍代の自己投資額としては年間2万円ほどです。

すると、その年の給与や賞与はどうなるでしょうか？

そのビジネス書に書いてある内容をしっかりと実践することができた場合、多くの場合において年収が2万円は上がることでしょう。

もしくは、学んだことを実践することで毎日が充実し、浪費が減ったり、その内容で副業をすることで収入を得たりすることができることでしょう。

これが資格試験などであれば、直接的に資格手当がもらえたり、仕事の幅が広がったりすることもあるでしょうし、人脈を広げたことで、いまよりもいい仕事環境の会社へ転職することもできることでしょう。

そのため「お金がないから自己投資をしない」のでは、これからお金が増えていくことはほぼありません。

「お金がないから自己投資をしない」のではなく、「お金を稼ぐために自己投資をする」必要があるのです。

自己投資をしていかなければ、あなたの日常や人生はこれからもいまのままになってしまうのです。

また、仕事面の自己投資だけでなく、美容への自己投資も意外と重要です。

内面や外見をきれいにすることで、結果として、いいパートナーを見つけることができ、年収の高い方と家族になることができたり、サポートをしてもらうことで自分自身の年収を上げ

たりすることができることでしょう。

　いい男性といい女性がカップルになるのは、お互いが自己投資によって自分を磨いているからこそです。

　自分のことを高めている人は、同じレベルの人のことを好意的に思うものです。いいパートナーと出会いたければ、自己投資によって自分を高めてしまうのが確実で早いです。

　自己投資をしている人はその原理がわかっているからこそ、自己投資をおこなっているのです。

自己投資をはじめる時期は、若ければ若いほどいい

　なお、自己投資をする時期として、もっともオススメな時期は20代です。**なぜなら、その自己投資による「回収期間」が長いからです。**

　たとえば自己投資によって資格を取得する場合、教材費や講座代などの資格取得費に30万円がかかったとしましょう。

　このとき、その資格を取得する時期が20代なのと60代なのとでは、その後の回収期間が大きく異なります。

　20代の場合には、残りの人生の期間でその資格を取得したことのよる効果や、その資格取得費の元手を回収することができます。

　一方、60代の場合には、20代よりも40年ほどその回収期間が短いので、同じ資格だった場合、圧倒的に20代のほうが多

くの利益を得ることができます。

　そう考えると、自己投資をはじめる時期は若ければ若いほど圧倒的にコストパフフォーマンスがよくなります。

　私は23歳で税理士になりましたが、この先の一生涯、税理士として仕事をすることができます。

　簿記の資格もトップレベルのものを複数持っているので、もし会社員に戻ったとしても就職先に困ることはありません。

　それは20代前半で、お金と時間と労力を自己投資し、資格を取得したから言えることです。

　お金がない時期の自己投資はキツいかもしれませんが、だからこそがんばる原動力にもなるはずです。

　20代の自己投資は最強であり、もっともコスパがいいのです。

講義メモ

早いうちから自己投資をすれば、「回収期間」が長くとれる

質のいい自己投資をすると、質のいい人脈が増える

自己投資をすることで、目に見えて効果が出るもの。

それはあなたが出会う人の質です。

出会う人の質が変わり、いい出会いが増えていきます。

たとえば月額1万円の有料コミュニティがあったとしましょう。ここに参加をすると、あなたは無条件で「月額1万円の自己投資をする人たち」とつながることができます。

圧倒的に自己投資をしている人が少ない世の中において、自己投資に理解がある方や自己投資の大切さがわかっている方とつながることができるのは、それだけで貴重です。

これをSNSやマッチングアプリなどで探そうとすると、ほぼ不可能でしょう。

起業塾の場合には、参加者は全員起業を志す方たちであり、資格学校の講義を受ける受講者は全員資格の取得を目指している方たちです。

自己投資をすると、そんな自分と同じ目的や志の方たちと出会うことができるのです。

むしろ、いい出会いを得るために自己投資をするほうが、長

期的に見ていい結果を生んでいきます。強いつながりがあって、困ることはないからです。

さらには、長い期間、親しい関係を築いていくことで、その関係性は複利効果で深まっていきます。

そのため、できるだけ若いうちに出会いに自己投資をしておくことは、幸せな人生を送るためには必要なことで、優先順位の高い自己投資先になります。

22歳のときに自己投資をして入ったコミュニティで、人生が変わった

実際に私も22歳のときに、あるご縁からさまざまな業種の方が集まる会員制のコミュニティに入会をしました。

当時はまだ月額5000円ほどのその会費を支払うのがキツいくらいの経済状況でしたが、そこにいる人たちが好きで、がんばって自己投資を続けていきました。

すると、そのコミュニティのトップである朝井和彦社長にかわいがっていただき、さまざまな教えをいただくことで価値観をアップデートできました。

おかげで、**この当時に支払ったお金は、人脈や経験、知識として、かけがえのない資産に交換することができ、それらの資産により、いまの自分が存在します。**

このときに築いた資産によってお金を稼ぐこともでき、出会いという資産がお金に変わっていっているのです。

出会いには、お金をかけましょう。

ひとつの出会いで人生が大きく変わるほど、出会いにはインパクトがあります。

　あこがれの経営者や著者がいれば、そういう人たちが主催する講演会などにお金を支払って行ってみたり、理想とする働き方の人がいれば、その人がおこなう講座などに申し込んでみたりと、いまは会いたい人に会えてしまう時代でもあります。
　そうすることで、その方とつながることができたり、その方のまわりの人たちとつながることができたりと、いい出会いが増えていきます。

　お金があってもいい出会いに囲まれていない人生はつまらないものですが、お金がなくてもいい出会いに囲まれている人生は幸せです。
　そして、そんな人はいずれお金にも恵まれます。まわりの人たちが助けてくれるからです。

　自分に投資をすることも大切ですが、それと同じくらいに人や出会いに自己投資をしていきましょう。
　そうやって手に入れた資産は、きっとあなたの人生をより豊かにしてくれることでしょう。

講義メモ

出会いにはお金をかけたほうがいい

信頼残高をためている人が、勝ち残る

　もうひとつ、早いうちから投資をしたほうがいい投資先があります。

　それが「信頼」です。

　「信頼残高」という言葉があるように、信頼を高めることに自己投資をしていくと、その信頼はいずれお金に変わります。

　さらには、お金に変えられないほどの貴重な資産となります。

　注意点としては、お金の貯金と違い、信頼は一瞬でその残高がなくなることです。

　信頼を害する言動をしてしまうと、それだけでその信頼残高はゼロになってしまいます。だからこそ、コツコツ積み上げる必要があり、とことん貯める必要があるのです。

信頼を買う方法

　信頼を高める自己投資としては、相手が喜ぶプレゼントをしたり、知り合いのお店で買い物をしたり、会社の役に立つスキルを習得したりと、大きなものから小さなものまでいろいろな

ものがあります。

　なかにはお金がかからないものもあるので、できることから
していきましょう。

　たとえば待ち合わせ時間に遅れそうなときに、タクシーで向
かうのも信頼を高める自己投資になります。

　信頼を高めるために、期限や約束を守ることは必須です。

　「遅れました」と誠心誠意の謝罪をするのも悪くはないです
が、遅れられないときには、タクシーを使ってでも待ち合わせ
時間に間に合わせたほうがいいでしょう。

　**信頼は一瞬で崩れてしまうからこそ、それを未然に回避でき
る方法があるのであれば、ケチケチせずに「信頼を買ってしま
ったほうが安全」です。目の前のお金よりも、信頼を失うこと
を防ぐようにしましょう。**

　また、人から愛される人は、この信頼を貯めるためのお金の
使い方が上手です。

　上手にお金を使うことで、さらにそのまわりの人から信頼を
され、その信頼がお金に変わっていきます。

　**あなたはいま、どのくらい信頼残高を高めるためにお金を使
えているでしょうか？**

　信頼は社会関係資本そのものです。

　これからの時代で、自分らしく過ごすために欠かせない社会
関係資本を分厚くしていくためにも、信頼残高を高めるお金の
使い方をしていきましょう。

　いまのあなたのためにも、未来のあなたのためにも、あなたの大切なまわりの人のためにも、信頼を高めるために自己投資をおこない、いいお金の流れを循環させていきましょう。

　そして、貯めた社会関係資本によって、豊かで幸せな毎日を手に入れてくださいね。

　さて、これまでいろいろな角度からお金についてお伝えをしてきましたが、いよいよ終盤戦です。次は具体的にお金と向き合う方法について、お伝えしていきます。

　お金の知識や考え方は、学んで終わりではありません。

　その学びを実践に活かしていくことで、日常や人生が好転していきます。

　そんな学びの実践をしやすくするためにも、次の講義では、あなたの漠然としたお金の不安を安心に変えるために、よりリアルにお金と向き合える方法をお伝えしていきます。

　簡単なワークもあるので、筆記用具を用意しながら、読み進めてみてくださいね。

講義メモ

最強の自己投資先は「信頼」

お金を雑に扱う人は、人間性も雑になる

　駆け出しのころ、仕事仲間が主催する交流会の受付を何度か手伝ったことがあります。

　その際に、参加者のお客様から参加費を受け取る仕事をしていましたが、ここでのお金の扱い方はそのままその人の人柄に直結することに途中から気づきました。

　お金を投げるように扱う人、丁寧に出す人、くしゃくしゃのお金を出す人。

　相手もただの受付係に対する対応なので、緊張も緩んでいます。ある意味、その人のお金に対する素の場面が出るのが、その受付での対応だったのです。

　その交流会では、受付が終わったあと自分自身もその交流会に参加することができました。

　そこで私は、それぞれの受付で感じたお金の対応を覚えておき、実際にその人たちとコミュニケーションを取ることで、人柄の答え合わせをしていきました。

　すると、やはりこれは一致し、お金の扱い方はその人の人柄そのものだったのです。

　当然、お金を丁寧に扱う人はレベルの高い経営者であったり、人への接し方が丁寧だったりと、いい方たちばかりでした。

一方で、お金を雑に扱う人は怪しいビジネスを売り込む人など、あまり関わりたくない人たちばかりでした。

　結局、多くの人にとって「お金は大切なもの」なので、その大切なものの扱い方は、そのまま、人への接し方やその人の人柄として表れてしまうのです。
　そのため、お金の扱い方や使い方をどれだけ整えられるかで、あなたの人柄は整い、それによって集まってくる人たちも変わっていきます。
　出会いが変わるということは、人生が変わります。つまり、お金とのつき合い方で人生までも変わってしまうのです。

　この事実を知ってから、私は一層、自分のお金とのつき合い方をあらため、大事に扱うようにしました。
　人生を豊かに過ごしている方のお金の習慣やクセ、つき合い方を真似るようにしました。

　自己投資もそのひとつで、人にお金を使うようになったり、寄付をするようになったりもしました。
　とくに寄付はステージが高い人ほどしており、多くの場合において、お金があるから寄付をしているのではなく、寄付をしていたからこそお金が増えていった印象です。
　私は、双子の親という巡り合わせから、双子の親を支援する団体へ毎月寄付をしています。

　あなたはいま、どのようにお金とつき合っているでしょう

か？　豪快に使うことも、管理をせずにどんぶり勘定で過ごすことも、あなたの自由です。

　ただ、もしも永続的にお金に恵まれたいのであれば、お金は丁寧に扱い、いいつき合い方をしていかなければなりません。

　お金は日々、扱うものです。
　だからこそ大切に扱い、つき合える自分でいてください。
　そんな小さな心掛けは、積もりに積もり、きっと大きな成果を生んでいくことでしょう。

第11講

お金の計画

5000年前から普遍の知識「簿記」

大人になったら、一度は学んでみてもらいたいもの。
それが「簿記」です。

簿記とは、財務状況や経営成績を把握・分析するための方法及び技術のことで、家計簿の作成を法律的にこまかくおこなうための知識のようなものです。

学ぶものが決まっていないときは、簿記こそが学ぶ対象としてオススメです。モチベーションを高めるためにも、ただ学ぶだけでなく、簿記の資格を取ってみるのもいいかもしれません。

簿記の歴史は長く、はじまりはいまから約5000年前の古代エジプトと言われており、本格的に整備されたのは産業革命で経済発展を遂げていた18世紀です。

「見えざる手」で有名な経済学者のアダム・スミスも簿記の重要性を説いており、**昔からいまに至るまで、ほとんど根本的な形が変わることなく簿記の知識は使われ、伝えられてきました。**

歴史が証明しているように、簿記は普遍的なものであるということです。

では、なぜ私が簿記をオススメするかというと、簿記は仕事

でもプライベートでも使うことができるからです。

　仕事に関しては、簿記を学ぶと決算書を読むことができます。数字感覚が身につくので、どんな仕事であっても活かすことができます。経済活動によって会社が成り立つ以上、仕事はどこかで必ずお金と関わるからです。

　また、起業をしている方にとっては、簿記を学んでおかないと適正な経営成績を把握することができないので、簿記の知識を身につけておいたほうがいいでしょう。

　プライベートに関しては、家計簿をつくったり、ライフプランをつくったりするときに役立ちます。数字の感覚が弱いと数字と向き合うことができないため、感覚を養うためにも簿記を学ぶことはオススメです。

　ほかにも、株式投資が好きな方は、簿記の知識があることで投資をする会社の決算状況を把握することができるため、よりリスクを下げた投資ができるようになります。

　とくに、より効果的に簿記の知識が活きるのは、お金と向き合うときです。

　マイホームを買うとき、転職をするとき、引っ越しをするとき、結婚をするとき、出産をするときなど、さまざまな人生の分岐点で、お金のことを考えるときに簿記の知識を活用することで、より精度の高い分析をすることができたり、今後の計画を立てたりすることができます。

数字はもっとも客観的なものです。

そのため、**簿記を使って数字として目に見えるようにすることで、俯瞰的に物事を考えることができるのです。**

あくまで「数字」を根拠にする

30代に近づくにつれて、私たちは「選択」や「決断」をする機会が増えていきます。そのなかには、今後の人生を左右してしまうほどの大きな選択に迫られることもあることでしょう。

その際に数字は役に立ちます。数字は選択をするうえでの信頼できる根拠となります。

最終的に決断をする際には自分の直感や自分の想いを尊重してもいいとは思いますが、そこに至るまでの過程や検討で、さまざまな根拠をつくることができるように、その数字をつくる元である簿記を学んでいきましょう。

深い視点でお金と向き合うためには、そのお金と向き合うための知識や手段もあったほうがいいということです。

ある程度の基礎知識くらいはぜひ身につけておいてください。必ずその知識は役に立ちます。それくらい、簿記の知識は普遍的なものであり、生涯に渡り使える学びです。

講義メモ

簿記の知識は、仕事でもプライベートでも役に立つ

> # いま財布にいくら入っているか、
> # 瞬時に答えられますか?

ひとつ質問です。

「あなたがいま持っている財布には、はたしていくらのお金が入っているでしょうか?」

さて、この質問、正確に答えられますか?

お金の感覚が鋭い人や常にお金と向き合っている人は、この質問にそれほど誤差なく、答えることができます。

一方、そうでない方は、まったく見当違いの金額を答えてしまったり、考えることすら難しかったりもします。

それくらいに、お金と向き合っているかどうかは普段のお金の把握にさえも表れてしまうのです。

まずは自分の財布にいくらお金が入っているのかを常に把握できるように、毎日意識をするようにしましょう。

財布にいくらお金があるのかがわかると、お金を使いすぎてしまったり、お金が足りなくなったりすることがなくなります。

そして、常に財布にある金額を把握できていることで、時間外でのATM引き出しなどをする必要もなくなり、余計な手数

料も節約することができます。

　これだけでも、使えるお金は増えていきますよね。

　また、把握しておいたほうがいいお金は財布だけではありません。銀行口座に入っているお金も同様です。

　支払いが滞ってしまったり、お金がすぐになくなってしまったりする人は、自分のお金と向き合うことができていません。それにより収入と支出のバランスが悪くなり、思うようにお金がまわらなくなっていくのです。

　そのため、財布にあるお金と銀行口座にあるお金の2種類くらいは、最低でも常に把握しておきましょう。

　使えるお金がいくらあるのかを把握しておくだけでも、人生の選択肢は広がります。足りないなら足りないで、バランスをよくしていく方法を考えることができます。

　「わからない」がもっとも、どうしようもないのです。

ネットバンクで残高確認をするクセをつける

　なお、この銀行口座にあるお金を把握する際にオススメな方法が「インターネットバンキング」の活用です。

　さすがに毎日、銀行にて通帳の記帳をすることは現実的ではありません。いまは便利な時代です。**インターネットバンキングを開設し、スマホのアプリで常に自分の銀行口座を把握できるようにしておきましょう。**

　すると、寝る前や信号待ち、CMの合間など、何気ない隙間時間で自分の銀行口座の残高を把握することができます。

　これで財布のお金と銀行口座のお金をある程度把握することができれば、あとはそのお金をどのようにして資産に変えていけばいいか考え、行動に移していくだけです。

　慣れるまでは、意識をしないとネットバンキングを開く習慣がないかもしれませんが、慣れてくるとアプリのゲームやSNSを開くかのようにネットバンキングを開けるようになります。

　ネットバンキングの開設は基本的に無料でできます。無料でできるならリスクはゼロです。そんなリスクゼロでできてしまうものは、いますぐにでもはじめてしまいましょう。

講義メモ

　財布のなかと銀行口座残高は、いつもある程度把握しておく

「家計簿」をつけるだけで、
お金の不安は少なくなる

　止まらない増税や物価の上昇、上がらない給与、将来もらえるかわからない年金、想像すらつかない老後生活、結婚や出産、子どもの教育費など──。お金の不安は、考えればキリがないほど、たくさん出てきます。

　ニュースなどでもお金に関する先の見えない報道がなされ、漠然としたなんとなくの不安を感じている方も多いのではないでしょうか？

　そんな不安を感じている方にしてもらいたいこと。

　それが「家計簿」の作成です。

　お金の不安が起こる原因のひとつに「目に見えないから」というものがあります。

　目に見えないことで不安がどんどんと大きくなってしまい、どうしようもなくなってしまいます。

　そこで、家計簿によって「見える化」をしてしまうのです。

　見える化をすると、漠然とした不安は、理由のある悩みに変わります。理由のあるものは解決方法も明確にあるので、それほど苦しまずに済みます。

　むしろ改善の方法が見えたり、未来までの道筋を描けたりすることで、その不安は安心に変わっていきます。

　家計簿の作成はシンプルです。こまかくつくるのではなく、ある程度ざっくりと作成をしていきましょう。
　オススメはアプリの活用です。
　家計簿アプリは無料で使えるものが多く、実際に私も無料のものを長年使っています。
　収入と支出が記録できて、その内訳が分析できるようになっていれば、家計簿の機能としては十分なのです。

　家計簿を毎日つけようと思うと、ハードルが高すぎるのと大変なのとで、なかなか続きません。
　でも、家計簿はつくらないことがもっともリスクです。
　そのため月に一度、家計簿をつくる日を設定し、その日にしっかりと時間を確保して、つくっていきましょう。
　その日まではレシートボックスなどを作成し、そこにレシートを貯めていけばいいのです。
　クレジットカードの決済の場合には、クレジットカード明細をレシート代わりにして集計をしていきましょう。

数字の分析力がつく

　また、多くの人が勘違いをしていますが、家計簿の作成で大切なことは「家計簿をつくること」ではありません。

作成した家計簿をもとに、「数字を分析すること」です。

作成することに意味があるのではなく、分析をすることに意味があるのです。

「なぜ収入が増えたのか？」
「なぜ支出が増えたのか？」
「前月と比べてどうだったか？」
「想定していたようなお金の使い方ができているか？」
「お金の使い方の割合は適正か？」

このように分析には時間をかけ、こまかく見ていきましょう。

経営者の方は、事業や会社をよくしていくために、最低でも月に一度はこのように自社の数字と向き合っています。向き合うことで、行動や仕事に変化が生じ、その後の仕事につなげていくことができるのです。

これを個人ベースでもやっていこうというものが、家計簿の作成と分析です。

会社であろうと、個人であろうと、豊かになりたいのは同様です。だからこそ家計簿の作成と分析によって、お金と向き合う時間を意図的につくり、これからのあなた自身の人生に活かしていく必要があるのです。

この家計簿の作成と分析をするだけでも、人生の質は格段に上がります。それくらい、お金と向き合う習慣をつくることは

大切なことです。

　私も自分の会社や家計の数字は、毎月1日に必ず時間を取り、先月分の数字の分析をおこなうようにしています。どれだけ忙しくても、これだけは必ずします。
　この時間は「自分との対話」のようなものです。
　俯瞰的に映し出される数字を使って、自分とコミュニケーションを取りながら、先月の振り返りと今月の行動計画を立てます。

　会社であれば試算表、家計であれば家計簿が、その振り返りをするための大切なツールです。
　その道具たちをうまく活用すれば、質の高い振り返りができるので、何をすれば「いまが変化をするか?」という行動が明確になります。
　そして、そうやって行動につなげていくことで、お金の不安を安心へと変えていきましょう。
　まずはスマホで家計簿アプリをダウンロードして、家計簿の作成と分析をおこなうことからはじめていきましょう。

講義メモ

月に一度の家計簿タイムで、お金の不安が「安心」に変わる

ワーク！「お金の計画表」をつくる

　ここからは、さらに具体的にお金とじっくり向き合うことができるワークをご紹介します。これまでの講義を聞いて、じっくりと向き合っていきたいと感じた方は、ぜひペンとメモを片手に読み進めていってくださいね。

　まずは最後まで読んでみてから戻ってきて、ワークをしてもらってももちろんOKです。自分のペースでおこなっていきましょう。**「お金の計画表」をつくるワークです。**

　あなたは自分の家計の「予算」をつくっていますか？

　たとえば食費がいくらで、交際費がいくらで、娯楽費がいくらで、自己投資がいくらで、といったように、ある程度の予算はつくれているでしょうか？

　この予算があるのとないのとでは、お金の使い方の質に大きな差が生まれていきます。

　お金の計画表をつくることは、目の前のお金の不安を取り除くためにも必要なことです。

　実際に、私もお金の計画表をつくることがあらためて大切だと気づいたことが最近ありました。

　双子の息子たちが保育園へ通うことになったとき、私は猛烈な不安に襲われました。

　いい教育を受けさせたくて、保育料が高めの保育園を選んだことと、同時に2人を通わせないといけなかったことで、想定していたよりも一気に出費が増えたからです。

　ただ、収入は一気に増えるわけではありません。

　収支のバランスが崩れることが明らかだったので、そのバランスがどうなっていくのかが不安になったのです。

　そこで、すぐに予算を立て直しました。**かかるお金を明確にし、必要なお金とこれからのお金をすべて視覚化しました。**

　すると、自分が思っていたよりもバランスは崩れていなかったので安心をし、保育園に通いはじめたいまも、家計が苦しくなることも、大きくバランスが崩れることもありませんでした。

　それはお金の計画表をつくり、事前にこれからの収支のバランスを予測できていたからこそ得ることができた安心でした。

　見えないから考えてしまうのです。それなら見えるようにしてしまえばいいのです。それがこのワークです。

　それでは、ワークをはじめていきます。

　次ページからのサンプルを確認しながら、ぜひご自身でもやってみてください。

　このワークは、ざっくりの数字で大丈夫です。きっちり考えすぎると時間がかかるので、まずは作成することを目標に、ざっくりの数字でつくっていきましょう。

お金の計画表（独身のケース）

	1月	2月	3月	4月	5月	6月	7月	8月	
収入									
給与	200,000	200,000	200,000	200,000	200,000	200,000	200,000	200,000	
賞与						200,000			
臨時収入									
副業収入									
収入計	200,000	200,000	200,000	200,000	200,000	400,000	200,000	200,000	
支出									
家賃	70,000	70,000	70,000	70,000	70,000	70,000	70,000	70,000	
住宅ローン返済									
携帯代	10,000	10,000	10,000	10,000	10,000	10,000	10,000	10,000	
ネット代	5,000	5,000	5,000	5,000	5,000	5,000	5,000	5,000	
食費	30,000	30,000	30,000	30,000	30,000	30,000	30,000	30,000	
水道光熱費	15,000	15,000	15,000	15,000	15,000	15,000	15,000	15,000	
娯楽費	10,000	10,000	10,000	10,000	10,000	10,000	10,000	10,000	
消耗品費	5,000	5,000	5,000	5,000	5,000	5,000	5,000	5,000	
外食費	10,000	10,000	10,000	10,000	10,000	10,000	10,000	10,000	
車代									
車のローン返済									
自己投資代	10,000	10,000	10,000	10,000	10,000	10,000	10,000	10,000	
美容代	10,000	10,000	10,000	10,000	10,000	10,000	10,000	10,000	
子ども代									
恋人代	10,000	10,000	10,000	10,000	10,000	10,000	10,000	10,000	
投資	10,000	10,000	10,000	10,000	10,000	10,000	10,000	10,000	
生命保険	5,000	5,000	5,000	5,000	5,000	5,000	5,000	5,000	
奨学金返済	5,000	5,000	5,000	5,000	5,000	5,000	5,000	5,000	
予備費	10,000	10,000	10,000	10,000	10,000	10,000	10,000	10,000	
流動性貯金	10,000	10,000	10,000	10,000	10,000	10,000	10,000	10,000	
固定性貯金						60,000			
幸せ還元貯金						60,000			
支出計	225,000	225,000	225,000	225,000	225,000	345,000	225,000	225,000	
利益	-25,000	-25,000	-25,000	-25,000	-25,000	55,000	-25,000	-25,000	

9月	10月	11月	12月	合計	
200,000	200,000	200,000	200,000	2,400,000	
			440,000	640,000	
				0	
				0	
				0	
200,000	200,000	200,000	640,000	3,040,000	
70,000	70,000	70,000	70,000	840,000	消費80%／自己投資20%
				0	消費＆自己投資
10,000	10,000	10,000	10,000	120,000	消費
5,000	5,000	5,000	5,000	60,000	消費
30,000	30,000	30,000	30,000	360,000	消費
15,000	15,000	15,000	15,000	180,000	消費
10,000	10,000	10,000	10,000	120,000	浪費50%／自己投資（人脈構築）50%
5,000	5,000	5,000	5,000	60,000	消費
10,000	10,000	10,000	10,000	120,000	浪費50%／自己投資（人脈構築）50%
				0	消費
				0	消費
10,000	10,000	10,000	10,000	120,000	自己投資（勉強）
10,000	10,000	10,000	10,000	120,000	消費50%／自己投資（外見磨き）50%
				0	
10,000	10,000	10,000	10,000	120,000	消費50%／自己投資（関係性アップ）50%
10,000	10,000	10,000	10,000	120,000	投資
5,000	5,000	5,000	5,000	60,000	消費
5,000	5,000	5,000	5,000	60,000	消費
10,000	10,000	10,000	10,000	120,000	消費
10,000	10,000	10,000	10,000	120,000	貯金
			60,000	120,000	貯金
			60,000	120,000	貯金
225,000	225,000	225,000	345,000	2,940,000	
-25,000	-25,000	-25,000	295,000	100,000	

消費	74%	1,812,000	
浪費	5%	120,000	
自己投資	21%	528,000	
		2,460,000	
投資		120,000	
貯金		360,000	
		2,940,000	

お金の計画表（夫婦＋子（1歳）のケース）

	1月	2月	3月	4月	5月	6月	7月	8月	
収入									
給与	200,000	200,000	200,000	200,000	200,000	200,000	200,000	200,000	
賞与						200,000			
妻パート	50,000	50,000	50,000	50,000	50,000	50,000	50,000	50,000	
臨時収入									
副業収入									
収入計	250,000	250,000	250,000	250,000	250,000	450,000	250,000	250,000	
支出									
家賃	70,000	70,000	70,000	70,000	70,000	70,000	70,000	70,000	
住宅ローン返済									
携帯代	10,000	10,000	10,000	10,000	10,000	10,000	10,000	10,000	
ネット代	5,000	5,000	5,000	5,000	5,000	5,000	5,000	5,000	
食費	50,000	50,000	50,000	50,000	50,000	50,000	50,000	50,000	
水道光熱費	20,000	20,000	20,000	20,000	20,000	20,000	20,000	20,000	
娯楽費	5,000	5,000	5,000	5,000	5,000	5,000	5,000	5,000	
消耗品費	5,000	5,000	5,000	5,000	5,000	5,000	5,000	5,000	
外食費	5,000	5,000	5,000	5,000	5,000	5,000	5,000	5,000	
車代	10,000	10,000	10,000	10,000	10,000	10,000	10,000	10,000	
車のローン返済	30,000	30,000	30,000	30,000	30,000	30,000	30,000	30,000	
自己投資代	10,000	10,000	10,000	10,000	10,000	10,000	10,000	10,000	
美容代	10,000	10,000	10,000	10,000	10,000	10,000	10,000	10,000	
子ども代	15,000	15,000	15,000	15,000	15,000	15,000	15,000	15,000	
家族代	10,000	10,000	10,000	10,000	10,000	10,000	10,000	10,000	
投資	10,000	10,000	10,000	10,000	10,000	10,000	10,000	10,000	
生命保険	5,000	5,000	5,000	5,000	5,000	5,000	5,000	5,000	
奨学金返済	5,000	5,000	5,000	5,000	5,000	5,000	5,000	5,000	
予備費	10,000	10,000	10,000	10,000	10,000	10,000	10,000	10,000	
流動性貯金	10,000	10,000	10,000	10,000	10,000	10,000	10,000	10,000	
固定性貯金									
幸せ還元貯金						30,000			
支出計	295,000	295,000	295,000	295,000	295,000	325,000	295,000	295,000	
利益	-45,000	-45,000	-45,000	-45,000	-45,000	125,000	-45,000	-45,000	

9月	10月	11月	12月	合計	
200,000	200,000	200,000	200,000	2,400,000	
			440,000	640,000	
50,000	50,000	50,000	50,000	600,000	
				0	
				0	
250,000	250,000	250,000	690,000	3,640,000	
70,000	70,000	70,000	70,000	840,000	消費80% ／ 自己投資20%
				0	消費&自己投資
10,000	10,000	10,000	10,000	120,000	消費
5,000	5,000	5,000	5,000	60,000	消費
50,000	50,000	50,000	50,000	600,000	消費
20,000	20,000	20,000	20,000	240,000	消費
5,000	5,000	5,000	5,000	60,000	浪費50% ／ 自己投資（人脈構築）50%
5,000	5,000	5,000	5,000	60,000	消費
5,000	5,000	5,000	5,000	60,000	浪費50% ／ 自己投資（人脈構築）50%
10,000	10,000	10,000	10,000	120,000	消費
30,000	30,000	30,000	30,000	360,000	消費
10,000	10,000	10,000	10,000	120,000	自己投資（勉強）
10,000	10,000	10,000	10,000	120,000	消費50% ／ 自己投資（外見磨き）50%
15,000	15,000	15,000	15,000	180,000	消費50% ／ 自己投資（子どもの教育）50%
10,000	10,000	10,000	10,000	120,000	消費50% ／ 自己投資（関係性アップ）50%
10,000	10,000	10,000	10,000	120,000	投資
5,000	5,000	5,000	5,000	60,000	消費
5,000	5,000	5,000	5,000	60,000	消費
10,000	10,000	10,000	10,000	120,000	消費
10,000	10,000	10,000	10,000	120,000	貯金
				0	貯金
			30,000	60,000	貯金
295,000	295,000	295,000	325,000	3,600,000	
-45,000	-45,000	-45,000	365,000	40,000	

消費	81%	2,682,000
浪費	2%	60,000
自己投資	17%	558,000
		3,300,000
投資		120,000
貯金		180,000
		3,600,000

「お金の計画表」作成の7STEP

＜STEP1：準備＞

　はじめに前のサンプルを参照に、紙（エクセルでもOKです）に、横軸に1月から12月までを、縦軸にそれぞれの項目を書いていきます。

　項目は次の【項目一覧】を参照して、自由に足したり抜いたりしてみてください。

　順番はどの順番でもいいですが、収入項目が上で、その下に支出項目を並べていきましょう。

【項目一覧】
　収入：給与、賞与、副業収入、臨時収入など
　支出：家賃、携帯代、ネット代、食費、水道光熱費、娯楽費、自己投資代、美容代、子ども代、夫婦代、貯金、投資、保険、奨学金返済、車代、ローン返済代、消耗品、外食費など

　そして、予想外に発生するお金もあることから、予備費も入れておきましょう。

＜STEP2：大まかな金額の把握＞

　これらの準備ができたら、次は家計簿アプリを開き、それぞ

れの項目のざっくりとした金額を把握していき、予算を立てて
いきましょう。

＜STEP3：収入の確定＞

　収入は手取り額で書いておきましょう。

　また、**収入に関しては、低めの金額を書いておくのがポイントです。多めに書いておくと、その収入が得られなかったときに家計がまわらなくなります。**

　計画表は最低限のケースで作成をしておいたほうが下振れがなくなるので、何かあったとしても安心です。上振れする分は、お金が貯まるだけなので、それで困ることはありません。

　そのため、収入は希望としている金額ではなく、実際、確実に受け取れる金額を書いておきましょう。

＜STEP4：支出の確定＞

　一方、**支出は高めで書いておきましょう。これも理由は収入と同じです。立てた予想よりもその支出が少なく済んだ分はほかのことにお金をまわせばいいだけなので、困ることはありません。**

　ただ、逆は困ります。

　思ったよりも食費がかかって、思ったよりお金が残らなかったのでは、やりくりをしなければなりません。

　あとから困らないように、計画表をつくる時点で、高めに書いておきましょう。

＜STEP5:利益の確定＞

　収入と支出が確定をすれば、利益が確定します。

　それぞれの月の収入と支出の合計額を出し、その差額を利益として、書いておきましょう。

　給与の額によっては、いつもの月はマイナスだけど賞与の月だけプラスという方もいるでしょう。でも、そうなっているのなら、仕方がないのです。

　賞与制度自体が、どうしてもそのようなお金のやりくりになってしまうので、その月がマイナスだったらダメだというわけでもありません。**1年間トータルでプラスであれば、問題はないのです。**

＜STEP6:使うお金の割合を集計する＞

　すべての計画表ができあがったら、次はその**完成した計画表を見て、消費・浪費・自己投資の割合を出していきましょう。**貯金や投資などの積み立て系に関しては、この計算から除外をし、使うお金の項目のみ集計をおこない、それぞれの割合を出していきます。

　このときに使う金額は1年間の合計額で大丈夫です。

　項目のなかでも消費と自己投資に分かれるものもあると思うので、そういうものはその割合で分けていきましょう。

　たとえば、気分を上げたくてちょっとがんばって広くて高い家に住んでいる場合の家賃などです。

　この場合には、自分のなかで消費割合と自己投資割合を決め、按分していきましょう。

＜STEP7:改善点の確認と改善＞

　そして、**その割合が消費80％・自己投資20％になっているかを確認しましょう。**

　なっていればベストな計画表です。しかし、ほとんどの場合がその割合にはなっていないことでしょう。

　そのため、できるだけその割合を8対2にしていけるように、予算を組み替えていきましょう。

　「減らせる消費はないか？」

　「自己投資の割合は少なすぎていないか？」

　「過度な貯金になっていないか？」

　これらを確認し、改善していきましょう。

　急にベストの8対2にすることは難しいかもしれませんが、年々その割合を近づけていけるように、少しずつでいいので工夫をして、消費80％・自己投資20％の割合を目指していきましょう。

　あとは実践あるのみです。その計画表を叶えられるように、お金の使い方や流れを見直し、実践していきましょう。

　そして毎月1回の家計簿の作成の際に、実際に家計簿で出した金額と今回作成した計画表を見比べて、一致している部分と異なる部分を分析していきましょう。この作業が現実を理想へと近づける大事な作業となります。

立てた計画表通りになるように、もしくは上振れした家計簿が完成するように、日々お金と向き合い、あなたが幸せに豊かになれるものに使えるお金を増やしていきましょう。

　さて、具体的にお金と向き合ったところで、早いもので次で本書も終わります。最終講です。
　最終講では、ここまでの内容を振り返りながら「お金と幸せ」について、26歳でお金と向き合う意味、お金を学ぶ意味などを「幸せ」というテーマと絡めながら、じっくりとお伝えをしていきます。最後まで、真剣にかつ楽しく読み進めていってくださいね。

講義メモ

「自分だけのお金の計画表」を参考にしながら、日々を過ごす

最終講

お金と幸せ

26歳は、人生の第2章のはじまり

　私は「**人生4章説**」というものを提唱しています。

　これは私が20歳のときから大事にしていることで、ひとつの人生を4章に分ける考え方です。

　いまは人生100年時代と言われるので、それを4分割すると、**第1章が0歳から25歳まで、第2章が26歳から50歳まで、第3章が51歳から75歳まで、第4章が76歳から100歳までに**分けることができます。

　このそれぞれの章で、どういう人生をつくっていくのかを考えながら、逆算をして過ごしていきます。

　すると、いい意味で人生をリセットすることができたり、つらい状況からがんばることができたり、未来に希望を持つことができます。

　たとえば、生まれたときに厳しい生活環境だったり、学生のときにいじめにあったりしたら、なんだかそれだけで人生が終わった感覚を感じる方も多いことでしょう。

　しかし、それはただの第1章でのできごとです。

人生はトータルで幸せになれればいいので、第2章以降幸せになるための前振りとだけ思っておきましょう。

そんなふうに考えられると、第1章を思い切って勉強の期間に充てたり、失敗の期間に充てたりもすることができます。

人生、どこかでがんばらないと望む人生を掴むことができません。簡単に手に入ってしまうなら、それはもう幸せだと認識できないかもしれません。

苦しいことがあるからこそ達成感を得ることができたり、嬉しいと思うことができたりするものです。

そのため、どの章以降で幸せになるのかを考え、その章に向けて計画的に行動をおこなっていくことで、長い期間幸せになることができます。

そう考えたとき、26歳というのは人生の第2章のスタートです。第2章を充実させていくためには、スタートのここが大切です。

第1章の間にたくさん勉強をしていたり、仕事をしていたり、努力をしていた人は、その積み上げを第2章以降で使うことができます。

一方、たくさん遊んできた人やダラダラしてきた人は、その分を第2章以降で取り戻していく必要があります。

また、第2章での積み上げは、第3章、第4章以降にも影響していきます。

もしかすると育児や家族、仕事の関係で、第2章は我慢の章

になることもあるかもしれません。

　でも、それはそれで暗くなる必要はなく、その章でできることをしておけばいいのです。

　思うようにいかないことがあっても、それは「そういう章だから仕方がない」と捉えて、その代わり第3章以降で楽しもうと思えばいいのです。

　過去や現在に捉われすぎる必要はないということです。ただのひとつの章でのできごとですから。

歯を食いしばった第1章があるから、充実した第2章がある

　成人式のとき、私は税理士になるための勉強中で、遊ぶこともなく勉強ばかりをしていました。

　成人式ではまわりの参加者はおしゃれをしていたり、楽しそうにしていたり、遊び盛りの大学生やお金を持ちはじめた社会人ばかりで、とてもキラキラとしていたのを覚えています。

　正直、その姿はとてもうらやましいものでした。

　それでも「人生の第2章がはじまるころには、いいスタートが切れるように、いまはがんばっておこう」と歯を食いしばり、そこからさらに努力を重ねていきました。

　23歳で税理士になってからも、修行期間や人生の勉強期間で大変なことばかりでしたが、それもいい下積み期間でした。

　そういう第1章での積み上げが、いま第2章を充実させてくれています。

　起業をしたり、幸せな家庭があったり、安定した生活があったり、出会いに恵まれたりと、第2章での幸せで充実した毎日は、第1章のおかげです。

　そうやって人生を区切って考えていくと、メリハリをつけて、人生を逆算しながら、いろいろな準備や行動をすることができていきます。

　そして、それによりお金の使い方も大きく変わることでしょう。お金を使う時期なのか、お金を貯める時期なのか、お金を稼ぐ時期なのか、お金を還元する時期なのか。

　その章ごとでどれを強めるのかを考え、その章に当てはまるお金のつき合い方をしていきましょう。

　はじまった人生の第2章。
　あなたはどんな物語にしていきますか?

　第1章でのできごとをどのように第2章につなげ、そして、第3章、第4章とつなげていきますか?　一度きりの人生、あなたが幸せになる脚本を書いていってくださいね。

講義メモ

人生を4つの章に分けて考える

> # お金に人生を左右させない

「この世の不利益はすべて当人の能力不足」

　これは、世界的に大ヒットした漫画『東京喰種』（集英社）のなかで出てくる名言のひとつです。

　義務教育では「平等」と教えられてきた私たちですが、社会はじつに「不平等」です。

　仕事をした人がお金を稼ぐことができ、お金を持っている人がモノを買ったり、いいサービスを受けたりすることができます。それは不平等であり、ある意味平等でもあります。

　がんばった人はがんばったなりの成果が出て、がんばらなかったらそれが原因で困ることが起きてしまうものです。

　生まれてから死ぬまで、まったくがんばらずに何不自由なく幸せになれることは不可能です。

　だからこそ、平等とも言えるのです。

　そんな社会の真理を表しているのが、この言葉です。

　自分に不利益なことが起こるのは、自分の能力不足であるという考えです。厳しい考えではありますが、実際これがすべてだと思っています。

自力で、いくらでも利益を得られる時代

そして、お金に関しても同様の考えです。

お金のことをまったく知らずに、知識も考え方もないなかで、お金に恵まれることはほぼありません。

お金持ちの家に生まれても、その扱い方がわからなければ、よくわからないものにお金を投資してお金がなくなってしまったり、悪い人に騙されたりします。

宝くじの高額当選者に破産割合が多いのも、知識不足から起こることです。お金の扱い方やつき合い方がわからないままでお金を手にしたとしても、幸せになることはできません。

だからこそ、学ばなければなりません。

考えなければなりません。

知識武装をして、お金を味方につけていく必要があります。

不利益が能力不足から起こるのであれば、裏を返せば、能力をつけていけば利益を得ることができるのです。

お金の知識や考え方を身につけていけば、いろいろな面で利益を得ることができるのです。

そのように利益を得られるようになるということは、本書で多くの知識や考え方を学んだあなたであれば、容易に想像できることでしょう。

「お金がないから、やりたいことができなかった」

「お金がないから、子どもに我慢をさせてしまった」
「お金で会社を選んだら、仕事のやりがいを感じられなくて、
つらくなった」
「夫婦でお金の話をせずに、お金と向き合っていなかったら、
関係がぐしゃぐしゃになった」

　このようにお金に人生を左右されては、幸せにはなれません。
　一方、しっかりとお金の知識と考え方を身につけ、実践や準
備をしておくと、このようにお金に人生を左右されることはあ
りません。

「やりたいことのためにコツコツ貯金をしておいてよかった」
「子どもにやりたいことをやらせるために、仕事をがんばっ
て稼いでおいてよかった」
「やりがいを感じられる会社で働いたことで、楽しく仕事が
できて、給与も増えて使えるお金が増えてよかった」
「夫婦でお金と向き合っていたら、お互いの価値観やがんば
りを知れて、関係も良好になった」

　このどちらの人生を歩むかは、あなたが選ぶことができます。
**どちらでも選択できるとするのであれば、あなたはどちらの
自分になりたいですか？**

講義メモ

自分の行動次第で、人生は思い通り

「買える幸せは買ってしまう」という シンプルな考え方

　お金に人生を左右させないためには、あまりお金に固執しすぎないことも重要です。

　お金は、幸せになるためのただの道具です。お金で買える幸せは買ってしまいましょう。

　いつか食べたいと思っているものがあるなら、なんとかやりくりをして食べに行ってしまいましょう。
　行きたいと思っている場所があるなら、行ってみましょう。
　買いたい商品があるなら、買ってしまいましょう。

　そうやって買える幸せを買うことはムダではありません。むしろ、やったほうがいいことです。
　大切なことは、そのなかでいかに出した金額以上の価値を感じるかです。そうやって「お金以外の資産」をたくさん身につけていきましょう。

　お金に固執をしすぎてしまうから、お金に左右をされてしまうのです。
　お金はただのひとつの資産です。

その資産をほかの何と交換をするかだけです。

お金を持っているだけでは、幸せになることはできないのです。

お金で買えないものも大切に

また、世の中にはお金で買えないものもたくさんあります。

家族や子どもとの時間、自然を見て感じる雄大さ、すっきりと起きられた朝、がんばっていたことが実った瞬間、好きな音楽を聞いているとき、お風呂にゆっくりと浸かっている時間、貴重な経験をしたときなどのお金で買えないものをたくさん手に入れていくことは、それだけで豊かになれます。

私はいま、家族や子どもとの時間を大事にしています。

多くの仕事があるなかで、保育園への送り迎えをしたり、夜は家族で食卓を囲んだり、子どもたちと遊んだりと、家族と過ごす時間にしています。

その時間、仕事をすれば間違いなくお金にはなります。

会社員の方だと、残業をすれば残業代をもらえたり、仕事の成果が上がることで、給与や賞与で還元がされたりすることでしょう。

起業家の方だと、仕事時間を増やすことができれば、その分、多くの案件をこなすことができるはずです。

　ただ、人生はお金だけではありません。

　お金よりも大切なことが多くあるのです。

　そこを間違ってしまうと、どれだけ富に恵まれても幸せになることはできません。

　お金で買えないものは、お金を犠牲にしてでも手に入れていかなければならないのです。

　だからこそ、私は家族との時間を大切にしています。この時間はいましか手に入れることができないからです。

　あなたにとって大切なものの優先順位を間違えてしまうと、多くのお金があっても、買えない幸せは買えないのです。

　幸せの優先順位を間違えないようにしましょう。

　さらには、それに投下をするお金の優先順位も間違えないようにしましょう。

　お金で買えないものを最優先に。

　そして、お金で買えるものは買って、お金と幸せを交換していきましょう。

講義メモ

人生の最優先は、お金で買えないものであることがほとんど

貸しの多い人生で終わろう

　税理士になったとき、私を税理士の道に導いてくれた恩師に報告をしに行きました。

　そのときに、こんな言葉をいただきました。

<u>「貸しの多い人生で終われよ」</u>

　23歳のときにいただいたその言葉は、いまでも私の心の中心で大切に生きています。

　貸しの多い人生とは、つまり資産のほうが多い人生です。
これは、無形資産のことを指しています。

　与えたら返ってくるという言葉で「Give & Take」というものがあります。ただ、ギブした分を返してもらっていたら、それは貸しの多い人生とは言えません。貸し借りゼロです。

　貸しの多い人生にするためには、ギブのほうが多くなければならないのです。

　そのため私は先にギブをし、ギブし続けることを常に意識を

しています。

　そうすると不思議なことに、まわりにもギブをし続けるギバーが集まるようになります。ギバー同士で与え続ける日常は優しい世界なので、おかげで幸せに過ごすことができています。

　一方、**与えてもらってばかりいる人は、借りの多い人生なので、「無形の借金」だらけになります。**

　若いときにはとくに与えてもらってばかりのときもあるので、そういうときには仕方がありません。ただ、その分これから倍にして返そうという気持ちがなければ、ずっと借りの多い人生で終わってしまいます。

　借りの多い人生だと、ギバーではなくテイカーが集まります。テイカーとは自分のことしか考えない、与えてもらってばかりの人です。与えてもらって当たり前と思っている人たちです。

　こういう人たちと一緒に過ごしても、奪い合いが起こるので、幸せに過ごすことは難しくなります。

　圧倒的に幸せになりやすいのは、貸しの多い人生なのです。

　だからこそ、あなたも多くの資産を貸していったほうが豊かになれます。

　ただ、**金の切れ目は縁の切れ目というように、お金を貸すことにはリスクが伴います。なので、お金を貸すことはやめておいたほうがいいです。**

　でも、そのほかの資産であれば簡単に貸すことができます。

　無形のものはとくに貸しやすいでしょう。

「貸せるもの」は誰にだってある

　自分の知っている情報をシェアしたり、インプットした知識をアウトプットしたり、空いた時間を人のために使ったり、力持ちの方は身近な人の重いものを持ってあげたりと、貸せるものは積極的に貸していきましょう。

　そうして貸している資産が多くなっていくと、あなたのまわりには、ギバーが増えていきます。

　まわりにテイカーが多いときには、あなた自身がテイカーであると考えるようにしましょう。まだ借りているものが多いということです。

　いち早くその状態から抜け出すためにも、ギブをしまくり、貸しが多い状態を目指しましょう。

　これは一生涯続くものなので、貸しの多い人生で終われるように、多くの資産を貸し続けられる自分でありましょう。

　あなたがいまよりも幸せな日常を手に入れるためには、シンプルにそれだけでいいのです。

　自分のためにも、まわりの人にギブをし続けましょう。

講義メモ

あなたがギバーでいると、まわりにギバーが集まる

「心の豊かさ」をためよう

　人生はお金では決まりません。しかし、現実的にはそんなきれいごとだけでは済まない部分があるのも事実です。

　お金を持っている人はより多くのものを買うことができ、持っていない人は買うことができません。広くてきれいな家に住みたければ、その分のお金を支払わなければ、その家で暮らすことはできないのです。

　そのためには一定の経済力が必要となります。

　欲しいものを買うことができれば、当然、幸せを感じることができます。広くてきれいな家に住めば、快適に暮らすことができます。

　だからこそ、皆「お金があれば幸せになれる」と「勘違い」をしてしまうのです。

　お金と幸せは、比例をすることはありません。

　お金がなくても幸せになることはできます。お金があると、選択肢が増えるだけです。

　選択肢が増えると、幸せを選べる可能性が高まり、お金に人生を左右される可能性は下がります。幸せになる確率を高められるだけです。

ただ、お金の知識がなかったり、考え方が乏しかったり、向き合っていなかったりすると、お金によって不幸なことが起こります。それを防ぐために、お金のことを学ぶ必要があるだけで、お金があるから幸せになれるわけではないのです。

そのため、人生におけるお金の位置づけはこのように考えることが適切です。「**人生はお金"だけ"では決まらない**」と。

幸せと比例する、唯一のもの

一方で、幸せと比例をするものもあります。
それが「豊かさ」です。

お金ではなく、資産の豊かさを高めることができれば、その豊かさは幸せと比例をしていきます。

ここでの資産とは、とくに無形資産のほうです。

家族、人脈、知識、情報、時間、信頼など、目に見えない資産が豊かであればあるほど、幸せも増えていき、結果としてお金までも増えていきます。

世のお金持ちと呼ばれる人は、一部の方を除き「人格者」である方が多いです。それは、心を豊かにすることの重要性を知っているからです。

このような方たちは、お金があるから心が豊かなのではなく、心を豊かにするからこそお金があるのです。

　実際に、**詐欺をしてお金を稼いだ人や雑にお金を扱う人、お金がすべてだと思っている成金の人は、心が豊かではないので、一時的にはお金を稼げるかもしれませんが、継続的にお金持ちで居続けることはできません。**

　お金を持った瞬間に偉そうになったり、人格が歪んでしまう人がいい例です。お金があるときはいいですが、なくなった瞬間、まわりの人たちは離れていきます。

　これは、人脈資産を豊かにしていなかったことで起こることです。人を大事にする人は、たとえお金がなくなったとしても、まわりの人は離れていきません。お金でつき合っていないからです。

　「お金＝幸せ」だなんて思っていると、お金を持ってしまった瞬間、いい自分が消えてしまいます。

　大切なのは、お金ではなく資産です。
　それも無形資産です。
　長い人生、この考え方だけはブレないように過ごしてもらえれば、あなたは間違いなく幸せになることができます。
　お金持ちではなく、資産持ちを目指しましょう。
　豊かさを磨き、幸せを増やしていきましょう。

講義メモ

最終的には「無形資産持ち」を目指す

いまから6年前の2017年。ある1冊の本と出合いました。

作家の永松茂久さんが執筆された『言葉は現実化する』（きずな出版）。その内容に衝撃を受けた私は、何度も読み重ね、その本に書かれた内容を実践していきました。

すると、そこから多くの出会いに恵まれ、人生が激変していきました。文字通り、1冊の本をお金で買ったことによって、知識だけでなく人脈や経験、考え方など、多くの無形資産を手に入れたのでした。

さらには、1400円で売っていたこの本を、この6年で36回も読んだので、この本の単価としては40円ほどになりました。40円の自己投資で、私はさまざまな資産を手に入れることができたのです。

妻とも、この本に出合ったことでつながった仲間たちとのご縁から知り合い、人生をともにする大切な人になりました。そして双子の子どもたちも生まれてくれて、さらに大切な家族が増えました。無形資産がどんどんと増えてくれています。

このように1冊の本から起こる奇跡を目の当たりにした私は、次第に「人生を変える本を書きたい」と思うようになりました。それが本書です。

じつは、私の人生を変えてくれたその本『言葉は現実化する』を当時編集していたのが、今回本書を担当してくれた、すばる舎の小寺裕樹編集長です。こんな巡り合わせがあるのかと、つくづく人生は何があるかわからないなと、実感をします。

あなたにとって、本書はどのような本になるでしょうか？

　もしも、あなたがこの本を「いいな」と思ってもらえたら、ぜひSNSでシェアをするか、あなたの大切な人にプレゼントしてあげてください。それが、あなたの無形資産をつくっていきます。

　また、**本書では載せきれなかった未公開原稿を、プレゼントとしてご用意しました。巻末の安江一勢公式LINEから無料でダウンロードできるようにしています**ので、ぜひのぞいてみてくださいね。

　情報や知識、きっかけをギブすることで、あなたの貸しはどんどんと増えていきます。まわりや社会にたくさんの貸しをつくって、幸せで豊かな資産持ちになっていってください。
　とくに夫婦やパートナー、家族、仲間などの大事な人にこそシェアをして、お金の価値観を擦り合わせていきましょう。
　そのようにしておくことで、大事な人とお金の価値観がズレなくて済みます。余計なトラブルを生まないためにも、幸せを守るためにも、大事な人には必ずシェアをしておいてください。

最後に、この場を借りて感謝の気持ちを伝えさせてください。

　駆け出しのころから目をかけて頂き、この本の企画を生み出してくれたすばる舎の小寺裕樹編集長。ありがとうございます。おかげで想いの詰まった1冊を出すことができました。
　同時に、すばる舎の皆様もありがとうございます。
　仕事への意識の高い皆様と、出版を通じて一緒にお仕事できて幸せです。これからも末永く、よろしくお願いします。

　そして、いつも支えてくれる妻の佳世とかわいい大事な双子の碧斗と陽斗。家族のサポートのおかげで、たくさんがんばることができています。ありがとう。これからもよろしくね。

　本書はたくさんの方のサポートと応援をいただき、誕生しました。いつも温かい応援や言葉をありがとうございます。

　そして最後に、この本を通して出会ってくれたあなたへ。
　お金とのつき合い方ひとつで、今日から幸せになることができます。
　本書でお伝えした内容に特別難しいことはなく、シンプルなことをできるだけ噛み砕いてお伝えさせていただきました。
　そのため、ぜひ何かひとつでもいいので、学んだお金の知識や考え方を日常や人生に活かして、いまよりも幸せになってもらえたらと思います。

　いつかお会いすることがありましたら、ぜひお金のつき合い

方で幸せになったエピソードをお聞かせください。その未来を
楽しみにしています。

　世の中には、正しいお金の知識や考え方を知らないことで、
悩んだり、困ったり、幸せになれない人たちがたくさんいます。
最悪のケースでは、自分を追い込んでしまい、命を落としてし
まう人もいます。
　ただ、それらはお金の知識や考え方を学び、お金のつき合い
方を見直していくことで、解決することができます。
　誰でも、幸せになる権利は持っているのです。

　私はこれからもお金の知識や考え方を伝え続けること、そし
て正しいお金の知識や考え方を学ぶことで、幸せになれる人を
増やしていきたいと思っています。
　ぜひ、あなたにもその一翼を担っていただけると嬉しいです。
一緒に、お金との素敵なつき合い方ができる人たちを増やして
いきましょう。

　それでは、これにて本講義を終わります。
　本書があなたにとって、いまよりも幸せになるきっかけとな
りますように。あなたやあなたの大切な人が、いまよりも豊か
に、幸せになりますように。

　　　　　　　　　　　　　　　　　　　　　　安江一勢

最後に復習〜講義メモを振り返ろう〜

» 20代半ばで、一度はお金について考えるときが来る

» お金のことを学ばなければ、いつまでも「今月も苦しい」が続く

» 世の中の常識が時代と共に変わるように、
　お金の常識も変わっていく

» 自分がいくら税金を納めているかすら、知らない人が多い

» お金としっかり向き合わないと、
　大切な人を不幸にしてしまうこともある

» お金によって選択肢が増えれば、幸せになれる確率が上がる

» 2000万円を現金だけで貯めておいても、老後は足りない

» 「銀行に預けておくだけ＝お金が減っていく」と同義

» 貯金の目的は「流動性貯金」「計画性貯金」「幸せ還元貯金」
　のいずれかが必須

» 流動性貯金は月収の3か月分でOK、多くても6か月分

» 社会保険は、最低限の保障をしてくれる優れた仕組み

» 生命保険は「短期」の「掛け捨て」がオススメ

» 26歳、妻子持ちであれば、最低1億円は保障を取っておく

» 信頼できて優秀な保険のプロに任せる

» 税金のことを知らないと、思わぬところで損をすることもある

» 基本は「増えたお金には税金がかかる」と思っておく

» 世界一幸せな国フィンランドは、消費税が24％

» 給与明細には、あなたの働きと納税のすべてが載っている

» iDeCoは税の優遇が大きいので、少額からでも試す価値アリ

» ふるさと納税、最強

» ゼロから投資をはじめるなら、投資信託から

» 「計画性貯金」に充てている貯金は、
   銀行預金ではなく投資で運用する

» 利回り6％で運用すれば、21年間でお金が倍に増える

» NISAで出た利益には、税金がかからない

» 「不動産投資はプロにしかできない」と割り切っておく

» 「用途が明確」で「返済計画が立ててある」場合のみ、
   借金はしてもよい

» リボ払いの手数料は、異常なほど高い

» 奨学金と同じ利率で借りられる借金はほぼない

» クラウドファンディングのおかげで、
   誰でも資金調達が可能になった

» 金融詐欺は、騙される側にも原因がある

» 都心で新築分譲マンションを35年ローン、頭金なし、
　金利1%で購入した場合の金額試算をしてみる

»「家賃を払い続けるのはもったいないから」で購入すると
　失敗する

» 賃貸は、家賃をケチらずに借りよう

» クレジットカードを何枚も持つメリットはない

» 一生の愛には、お金が必要

» 結婚式は挙げるも挙げないも自由だが、
　お金以上の価値を得られる貴重な体験である

» さまざまな補助はあるが、念のため出産資金として50万円は
　確保しておく

» 22歳まで私立に通わせてかかる費用は、なんと2200万円

» 身を置く環境で、仕事の結果は決まる

»「この会社で働いている未来の自分をイメージできなかった
　とき」は転職を視野に入れる

» 会社員には会社員ならではのメリットがたくさん

» 副業で「起業家マインド」「仕事のスキル」「税金の優遇」が
　手に入る

» 相手の欲しいものを自分が提供できれば、それはお金になる

» 自分の資産を高値で売れる方法を考える

» 物販でも作業代行でもいいから、
  まずは「個人で稼ぐ」をやってみる

» お金がないからこそ、工夫できることがある

» 支出を「消費」「浪費」「自己投資」に分けて、
  それぞれにいくら使っているかチェックしてみる

» 自己投資に充てる金額は、手取りの20%がベスト

» 早いうちから自己投資をすれば、「回収期間」が長くとれる

» 出会いにはお金をかけたほうがいい

» 最強の自己投資先は「信頼」

» 簿記の知識は、仕事でもプライベートでも役に立つ

» 財布のなかと銀行口座残高は、いつもある程度把握しておく

» 月に一度の家計簿タイムで、お金の不安が「安心」に変わる

» 「自分だけのお金の計画表」を参考にしながら、日々を過ごす

» 人生を4つの章に分けて考える

» 自分の行動次第で、人生は思い通り

» 人生の最優先は、お金で買えないものであることがほとんど

» あなたがギバーでいると、まわりにギバーが集まる

» 最終的には「無形資産持ち」を目指す

Special Thanks ※順不同、敬称略

ちゃんりな　若山陽介　石渡愛莉　一条佳代　新藏佑季乃
門口絵美　ノモトジョージ　若松慎一郎　ななお　大西あすか
大岡勇貴　中学時代の国語の先生　佐伯直也
株式会社ミラクルLando 有馬薫
株式会社Jeekaa 久保田雅弘・由美　ハルカスナイト

梅野由華　首藤彩香

安江佳世　安江碧斗　安江陽斗

書籍では
伝えきれな
かった

未公開原稿
読者限定無料プレゼント

以下の安江一勢公式LINEからダウンロードいただけます

https://lin.ee/NX0dw4C

・特典の配布は予告なく終了することがございます。予めご了承ください。
・特典はインターネット上のみでの配信になります。予めご了承ください。
・このプレゼント企画は、安江一勢が実施するものです。プレゼント企画に関する
　お問い合わせは「info@brightplus.co.jp」までお願いいたします。

著者プロフィール

安江一勢 (やすえ・いっせい)

1994年生まれ。税理士。安江一勢税理士事務所代表。株式会社Bright plus代表取締役。

京都の老舗呉服屋の4代目として生まれ、幼少期は裕福な家庭で育つ。しかし3代目の父の代で事業が傾き、多額の借金を背負う。そして呉服屋が倒産をし、生活が一変する。中学2年生で父親が蒸発したことにより、両親が離婚。その際に父親の借金が1億円以上あることがわかり、母と妹の3人で夜逃げをし、母の実家へと行く。母の実家が離島だったこともあり、その離島へと向かう船上で「お金がないと愛も幸せも買えない」ということを感じる。突然失った日常と、別れも告げることなく離れることとなった友人、いつもの家、家族など、「人生、お金がないと、どうしようもない」ということを14歳にして知る。そんな経験から、お金のプロになろうと志す。税理士試験の受験生時代は青春のすべてを勉強に費やし、1日平均15時間の勉強。22歳で合格率2%と言われる難関国家資格の税理士試験に合格し、23歳で税理士登録（当時の九州最年少税理士）。平均年齢60代の税理士業界のなかで、20代の税理士は0.6%しかいない。現在は安江一勢税理士事務所を開業し、税理士として活動をしている。また、税理士業だけでなく、20代向けのコミュニティの主宰やお金のブログ、ラジオ、セミナーなど、若者に対するお金の発信を多くおこなっている。

26歳の自分に受けさせたい
お金の講義

2024年2月14日　第1刷発行
2024年3月3日　第2刷発行

著　者　　　安江一勢

発行者　　　徳留慶太郎
発行所　　　株式会社すばる舎
　　　　　　〒170-0013　東京都豊島区東池袋3-9-7 東池袋織本ビル
　　　　　　TEL　03-3981-8651（代表）　03-3981-0767（営業部）
　　　　　　FAX　03-3985-4947
URL　　　　https://www.subarusya.jp/

ブックデザイン　池上幸一
印刷・製本　　　モリモト印刷

落丁・乱丁本はお取り替えいたします
©Issei Yasue　2024　Printed in Japan
ISBN978-4-7991-1197-0